500

recettes rapides

500

recettes rapides

Deborah Gray

LES ÉDITIONS
PUBLISTAR
Une société de Québecor Média

Direction éditoriale : Donna Gregory
Éditeur : Mark Searle
Direction artistique : Michael Charles
Photographies : John Whittaker
Consultante spécialisée : Jayne Cross

Première édition en 2012 par Apple Press
7 Greenland Street, London NW1 0ND
Sous le titre *500 Quick Meals*

Adaptation et réalisation : MediaSarbacane
Traduction : Marion Richaud

Les Éditions Publistar
Groupe Librex inc.
Une société de Québecor Média
La Tourelle
1055, boul. René-Lévesque Est
Bureau 800
Montréal (Québec) H2L 4S5
Tél. : 514 849-5259
Téléc. : 514 849-1388
www.edpublistar.com

Dépôt légal – Bibliothèque et Archives nationales du Québec
et Bibliothèque et Archives Canada, 2013

ISBN : 978-2-89562-511-7

Imprimé en Chine.

Sommaire

Introduction

Ce livre s'adresse à tous les gourmets qui n'ont pas le temps de cuisiner. Il fait la part belle aux recettes créatives plutôt qu'aux plats compliqués. La plupart des préparations proposées ici ne requièrent que quelques produits frais, les autres ingrédients étant usuels et faciles à trouver. Sans chercher à rejeter systématiquement les conserves ou les surgelés – qui sont une bénédiction pour les cuisiniers pressés –, nous tentons toutefois de les utiliser avec modération, uniquement pour réduire le temps de préparation des plats. Toutes les recettes de cet ouvrage seront réalisées en une demi-heure ou moins, ce qui est à peine plus que le temps requis pour décongeler un repas surgelé. Fini les goûts fades, trop salés et uniformisés, grâce aux aliments frais, vous redécouvrirez le plaisir d'une cuisine savoureuse.

Ce livre a été pensé pour les cuisiniers pressés : toutes les recettes de base sont rédigées dans un langage clair et les instructions sont faciles à suivre. Quant aux variantes, elles proposent de nombreuses options supplémentaires, qui, en modifiant légèrement la préparation initiale, vous permettront d'élargir votre répertoire de préparations rapides. Ces suggestions ne sont qu'un point de départ pour vous aider à créer vos propres recettes en fonction de vos goûts et de votre régime alimentaire.

Ce livre regorge enfin de plats délicieux pour toutes les occasions : un dîner raffiné, un repas improvisé entre amis ou un déjeuner en famille. Certains sont très classiques (quelques astuces permettent de les réaliser plus rapidement), d'autres s'inspirent des gastronomies du monde entier, de la cuisine moderne, ou tirent parti des nombreux ingrédients intéressants que l'on peut trouver aujourd'hui dans les supermarchés.

Pasta primavera, p. 185

Temps de préparation

Il est difficile de donner des temps de préparation exacts : en effet, certains cuisiniers
sont plus rapides que d'autres. De même, chaque four est différent, et les temps de cuisson
peuvent varier considérablement. Pour toutes les recettes de base, une petite horloge
dessinée dans le coin supérieur droit de la page fournit une estimation de la durée requise
pour préparer, cuire et présenter le plat. Il s'agit d'un minuteur de 60 minutes et non d'une
horloge représentant les 12 heures – c'est un livre de recettes rapides, et aucune ne doit être
confectionnée en plus de 30 minutes !

Conseils d'achat
pour cuisine rapide

Lorsqu'ils cuisent rapidement, les aliments conservent une saveur plus intense. Il faut donc impérativement utiliser des ingrédients très frais et d'excellente qualité.

Viandes et volailles

La portion moyenne recommandée dans ce livre est d'environ 125 à 175 g (4 à 6 oz) par personne. Toutefois, il est préférable d'en acheter moins mais de choisir des morceaux de qualité. Prenez de la viande prédécoupée pour être sautée ou demandez à votre boucher de la préparer pour vous : vous gagnerez ainsi beaucoup de temps.

Poissons

Le poisson est une véritable bénédiction pour les cuisiniers pressés car il cuit en quelques minutes. Achetez des filets – les temps de préparation indiqués ici n'incluent pas le temps prévu pour les lever. Les poissons et les fruits de mer surgelés sont excellents mais doivent être décongelés convenablement.

Légumes

Les légumes utilisés dans ce livre sont pour la plupart frais, à l'exception des petits pois et du maïs en grains. Cependant, vous pouvez utiliser des épinards, des poivrons ou des oignons surgelés. De même, les recettes requièrent souvent des gousses d'ail pressées ou du gingembre frais, qu'il est possible de remplacer par de la purée d'ail ou du gingembre en poudre. Si vous n'avez vraiment pas le temps, achetez des légumes découpés et prêts à cuire – mais ils sont en général assez chers et ne font gagner que quelques minutes, à l'exception des pousses d'épinards sous vide, déjà lavées, des légumes exotiques à faire sauter au wok et des feuilles de salade mêlée.

Herbes

De nombreuses recettes sont préparées avec des herbes fraîches ciselées. Elles sont plus difficiles à remplacer car les herbes séchées nécessitent davantage de temps et de liquide pour se réhydrater et développer toutes leurs saveurs. On trouve en revanche de plus en plus d'herbes ciselées surgelées dans les supermarchés, qui sont une bonne option de remplacement. Néanmoins, il faut vraiment peu de temps pour préparer des herbes fraîches : achetez, par exemple, un gros bouquet de persil, mixez-le au robot ménager et conservez-le au congélateur, dans un sac plastique refermable. (Utilisez-le dans les 3 mois qui suivent sa congélation.)

Fromage

D'une manière générale, choisissez des fromages à la saveur prononcée, sinon vous devrez augmenter la quantité requise pour que le goût soit encore perceptible dans le plat fini, ce qui représenterait un ajout de matière grasse superflu. Le fromage de chèvre utilisé pour confectionner les recettes de cet ouvrage est en général frais, acheté sous la forme de bûche ou de pavé. Dans les recettes nécessitant de la ricotta ou du mascarpone, vous pouvez employer du fromage frais type St Morêt® ou Philadelphia® à la place. Si vous choisissez du fromage frais allégé, ayez bien en tête qu'il est plus mou que son équivalent entier et que le résultat risque d'être moins ferme.

Crème

Vous pouvez choisir de la crème allégée, hormis lorsqu'elle doit être fouettée en chantilly : vous devrez impérativement utiliser de la crème entière, très froide.

Astuces de préparation

Lire attentivement la recette
Vérifiez que vous avez bien tous les ingrédients nécessaires pour confectionner un plat, ou vous pourriez passer des heures à réfléchir à des ingrédients de substitution... Lisez la recette une première fois afin de planifier sa préparation – vous pouvez, par exemple, émincer la plupart des ingrédients pendant que les oignons cuisent. Il n'est pas nécessaire de tout préparer à l'avance avant de lancer la cuisson.

Le kit parfait !
Rien ne sera jamais plus utile qu'un couteau professionnel bien affûté. Lavez-le séparément, très soigneusement, et aiguisez-le régulièrement pour éviter qu'il s'émousse. Utilisez le robot ménager avec parcimonie ; émincer les légumes à la main prendra sans doute moins de temps que de laver l'appareil. Mixez les soupes avec un mixeur plongeant, que vous utiliserez directement dans la casserole.

Surveiller le feu
Sauf mention contraire, la plupart des préparations n'ont besoin d'être mélangées que de temps en temps, et surveillées du coin de l'œil pendant la cuisson. Faites autre chose en même temps : préparez une salade, dressez la table et nettoyez le plan de travail.

Goûter
C'est à vous de doser les quantités de sel et de poivre car il s'agit vraiment d'une affaire de goût. Il en va de même pour les autres épices et les sauces. Si vous aimez les plats épicés, n'ayez pas peur d'en rajouter, mais procédez par étapes, en goûtant le plat plusieurs fois si vous doutez de vous.

Les produits de base

Voici une liste des produits de base que tout cuisinier devrait posséder dans sa cuisine. Sachez qu'avec les produits suivants, vous pourrez faire presque toutes les recettes de ce livre.

Le placard

Conserves et bocaux

Bouillon – Les bouillons prêts à l'emploi permettent de gagner du temps pour la préparation des soupes et peuvent servir de base à de nombreuses sauces.

Câpres – Elles sont incomparables pour relever du poisson ou des pâtes.

Fruits – Pêches et ananas en conserve, cerises en bocal.

Haricots et légumineuses – Haricots cannellini, haricots noirs, haricots rouges et pois chiches sont indispensables. Les lentilles peuvent dépanner.

Lait de coco – Allégé, il est plus diététique mais moins intéressant en termes de saveur et de texture.

Miel et confitures – Confiture de fraises, gelée de groseille, miel liquide.

Pesto – À ajouter dans les soupes, les sauces, les pâtes.

Piment jalapeño ou purée de piments – Utile pour épicer une sauce un peu fade.

Poivrons grillés – D'autres antipasti en bocal, artichauts par exemple, peuvent s'avérer pratiques.

Sauce tomate – Une sauce tomate de bonne qualité est idéale pour concocter rapidement une sauce. Ajoutez des herbes fraîches ciselées ou quelques cuillerées à café de pesto.

Tomates – Pelées de préférence. Un tube de pâte de tomates est également indispensable.

Thon, saumon, sardines, anchois et autres poissons gras – Parfaits pour les sandwichs ou pour improviser une salade ou une entrée.

Produits secs

Champignons – Les champignons déshydratés sont vraiment pratiques quand on ne trouve pas de champignons frais.

Chocolat – Cacao en poudre, chocolat noir et blanc, pépites de chocolat.

Farine – La farine blanche est indispensable. (Utilisez de la farine blanche quand la recette indique simplement « farine ».)

Légumes secs – Les lentilles vertes (du Puy) et les lentilles noires beluga sont les seuls légumes secs qui cuisent relativement rapidement.

Nouilles – Les nouilles aux œufs et les nouilles soba cuisent très rapidement.

Pâtes – Spaghettis, tagliatelles, pennes...

Polenta – La polenta instantanée se prépare en quelques minutes.

Quinoa – Excellente source de protéines et riche en fibres, il est idéal pour les salades ou en accompagnement.

Riz – De préférence à cuisson rapide. Le riz complet est plus long à cuire, mais si vous le préférez, préparez-le en grande quantité et congelez-le en parts individuelles. Le riz basmati est idéal pour les recettes asiatiques.

Semoule de couscous et boulgour – La semoule cuit en 5 minutes. La cuisson du boulgour est un peu plus longue.

Sucre – Blanc en poudre, à glacer et roux.

Herbes et épices

Ail – En poudre et en purée.

Cannelle – Moulue et en bâtons.

Coriandre – Moulue.

Cubes de bouillon.

Cumin – Moulu.

Curry en poudre – Moyennement épicé, de bonne qualité.

Feuilles de laurier.

Gingembre – En poudre.

Herbes – Aneth, thym, sauge, menthe et herbes de Provence.

Moutarde – De Dijon et à l'ancienne.

Piment – En poudre.

Piments – Entiers.

Poivre – Le poivre noir du moulin est le plus savoureux ; blanc, il permettra de relever les plats clairs.

Poivre de Cayenne.

Sel – Marin, de bonne qualité.

Condiments liquides et bocaux

Extrait de vanille.

Huile de tournesol ou de canola.

Huile d'olive.

Mayonnaise.

Sauce hoisin.

Sauce pimentée.

Sauce soya ou tamari – De préférence pauvre en sel.

Sauce Worcestershire.

Sirop d'érable.

Vinaigre balsamique.

Vinaigre de cidre.

Fruits secs et graines

Abricots, canneberges, dattes dénoyautées, raisins secs.

Amandes, noix de cajou, noix de pécan, noix.

Graines – De pavot, de citrouille, de sésame, de tournesol.

Le congélateur

Bacon et lardons

Fruits – Fruits rouges et pommes surgelés, pour préparer rapidement tartes et crumbles.

Fruits secs oléagineux – À conserver au congélateur pour éviter qu'ils rancissent.

Glaces – au moins de la glace à la vanille.

Glaçons.

Herbes – Coriandre, basilic, persil.

Légumes – Petits pois et maïs en grains. Éventuellement épinards, haricots verts, poivrons rouges et verts, oignons émincés, jardinière de légumes, échalotes, ail.

Pain et pain de mie – Un bon assortiment pour confectionner des sandwichs et accompagner tous les plats. Le pain en tranches peut être grillé sans décongélation. Les restes de pain peuvent être émiettés en chapelure et stockés dans des sacs congélation.

Pâtes – Pâte filo, feuilletée, sablée, brisée.

Poissons et fruits de mer – Crevettes (décortiquées) et cocktail de fruits de mer, filets de poisson blanc et de saumon surgelés, saumon fumé sous vide.

Viande – Un paquet de jambon de Parme ou d'un autre jambon sec, de la viande de bœuf hachée, des blancs de poulet.

Le réfrigérateur

Cornichons, cornichons à l'aneth.

Crudités – Laitue ou salade mêlée, concombre. (Ne mettez pas les tomates au réfrigérateur : froides, elles sont beaucoup moins savoureuses.)

Fruits – Citrons, citrons verts, oranges, pommes.

Œufs – Dans ce livre, on utilise de gros œufs.

Produits laitiers – Lait, yogourts, crème 35 %, beurre (doux, si vous n'en achetez qu'un) ; fromages (gruyère, bleu, fromage de chèvre).

Quelques recettes de base

Si vous souhaitez prendre de l'avance, cuisinez une sauce tomate basique et une béchamel, puis congelez-les. Ainsi, vous aurez toujours la possibilité de préparer en un tournemain un excellent plat de pâtes, de viande ou de poisson sans utiliser les boîtes et les conserves de vos placards. Vous trouverez aussi, dans les pages suivantes, une recette de bouillon de poulet : c'est tellement dommage de jeter la carcasse d'un poulet qui pourrait constituer une délicieuse base de soupe !

Sauce tomate basique

Une recette classique utilisée comme base de nombreux plats mijotés, de soupes, ou encore pour accompagner des pâtes.

Pour 62,5 cl (2 ½ tasses), 4 personnes	Pour 2,2 l (9 tasses), 16 personnes	
2 c. à s.	6 cl (¼ tasse)	d'huile d'olive
1 moyen	2 gros	oignon(s), émincé(s)
1 petite	2 grosses	carotte(s), émincée(s)
2 ou 2 c. à t.	8 ou 2½ c. à s.	gousses d'ail moyennes, pressées
1	4	boîtes de 400 g (13,5 oz) de tomates pelées, égouttées
2 c. à s.	12 cl (½ tasse)	de pâte de tomates
6 cl (¼ tasse)	25 cl (1 tasse)	de vin rouge ou de jus de tomate
1 c. à t.	4 c. à t.	de basilic ou d'origan séchés
1 grosse pincée	1 c. à t.	de sel de mer et de poivre noir

Faites revenir l'oignon et la carotte dans l'huile pendant 5 à 7 min, sur feu doux, jusqu'à ce que l'oignon soit tendre. Incorporez l'ail et poursuivez la cuisson 1 min, puis ajoutez les ingrédients restants. Salez, poivrez. Laissez cuire 10 min, jusqu'à ce que la sauce ait épaissi. (Vous pouvez laisser des morceaux de tomate dans la sauce ou bien la mixer à l'aide d'un mixeur plongeant.)

Sauce Béchamel classique

Une recette classique utilisée comme base de nombreux plats mijotés.

Pour 35 cl (1 ½ tasse), 4 personnes	Pour 1,4 l (5 ½ tasses), 16 personnes	
2 c. à s.	125 g (½ tasse)	de beurre ou de margarine
3 c. à s.	75 g (⅔ tasse)	de farine
35 cl (1 ½ tasse)	1,4 l (5 ½ tasses)	de lait
1 pincée	½ c. à t.	de noix de muscade en poudre
		sel de mer et poivre blanc

Faites fondre le beurre ou la margarine dans une casserole. Incorporez la farine et laissez cuire 2 min sur feu doux, sans cesser de remuer. Versez progressivement le lait puis augmentez légèrement le feu et portez à ébullition, sans cesser de remuer, jusqu'à ce que la sauce ait épaissi. Ajoutez la noix de muscade, salez, poivrez.

Pour une version sans produit laitier, utilisez 2 c. à s. d'huile de tournesol ou d'huile d'olive ainsi que du lait de soya à la place du lait de vache. Pour une version allégée, utilisez 2 c. à s. d'huile de tournesol ou d'huile olive et du lait demi-écrémé.

Bouillon de poulet

Préparez un bouillon de poulet maison avec une carcasse de poulet, des légumes frais et des épluchures de légumes, en évitant les racines, les résidus terreux et les féculents comme les pommes de terre. Choisissez un mélange de légumes bien équilibré pour éviter qu'une saveur domine les autres. Ce bouillon se congèle très bien.

Pour 1 l (4 tasses) environ

1 carcasse de poulet, avec la peau
1 gros oignon, grossièrement émincé
1 carotte, brossée et coupée en morceaux
1 branche de céleri, coupée en morceaux
Épluchures des légumes ci-dessus

1 gousse d'ail, émincée
2 feuilles de laurier
1 bouquet de persil frais
½ c. à t. de sel
½ c. à t. de grains de poivre entiers

Mettez tous les ingrédients dans une grande casserole et couvrez d'eau. Portez à ébullition sur feu vif. Baissez le feu et laissez mijoter à découvert pendant au moins 1 heure – de préférence 2 ou 3 heures. Laissez refroidir, dégraissez et filtrez. Utilisez ce bouillon dans les 5 jours ou conservez-le au congélateur.

Pour gagner de la place dans le congélateur, faites réduire le bouillon de moitié en le laissant bouillir vivement. Une fois froid, versez-le dans des bacs à glaçons. Lorsqu'ils sont congelés, démoulez-les et stockez-les dans un sac plastique refermable. Quand vous en avez besoin, mettez simplement un cube congelé dans une tasse et ajoutez de l'eau bouillante pour le dissoudre. Vous pouvez aussi congeler le bouillon dans des petites boîtes en plastique.

Entrées

Une entrée réussie doit être savoureuse et

alléchante, bien sûr, mais aussi ouvrir l'appétit

pour permettre d'apprécier les plats qui suivront :

c'est selon ces critères qu'ont été sélectionnées

les recettes de ce chapitre. Sucré-salé, épicé,

croustillant, fondant... à vous de choisir les textures

et les saveurs qui feront de votre repas un vrai

moment de plaisir.

Figues à la feta
et au jambon de Parme

Pour 4 personnes

Cette entrée impressionnera vos convives, surtout si vous utilisez des figues
de saison, bien mûres et goûteuses. Si la qualité des fruits ne répond pas à vos attentes,
préparez la variante aux figues cuites de la p. 32.

3 c. à s. d'huile d'olive
1 c. à s. de vinaigre balsamique
Sel et poivre
8 figues mûres, coupées en 2
125 g (4 oz) de feta, émiettée

8 tranches de jambon de Parme (ou d'un autre
 jambon sec)
1 poignée de cresson ou de feuilles de salade
1 c. à t. de menthe fraîche, ciselée

Fouettez l'huile et le vinaigre avec 1 pincée de sel et de poivre, jusqu'à obtention d'un
mélange homogène.

Répartissez les figues, la feta, le jambon et le cresson (ou les feuilles de salade) dans
4 assiettes. Au moment de servir, parsemez de menthe et arrosez de vinaigrette.

Voir variantes p. 32

Camembert chaud à la sauce aux canneberges

Pour 4 personnes

Osez ce plat original, très simple à réaliser et généralement apprécié de tous.

1 camembert entier (de préférence
    dans un emballage en bois)
2 c. à s. d'huile d'olive
Baguette ou gressins, pour l'accompagnement
Sel et poivre noir

Pour la sauce
350 g (11,5 oz) de canneberges
125 g (½ tasse) de sucre roux
Le zeste râpé de 1 orange
12,5 cl (½ tasse) de jus d'orange
2 c. à s. de porto (facultatif)

Préchauffez le four à 400 °F (200 °C). Ôtez le papier d'emballage du camembert puis replacez le fromage dans sa boîte ; posez-la dans un plat résistant à la chaleur. Arrosez le camembert d'huile d'olive, salez-le et poivrez-le. Enfournez-le pour 12 à 15 min, jusqu'à ce qu'il soit doré et souple au toucher.

Pendant ce temps, mélangez tous les ingrédients de la sauce dans une casserole et laissez mijoter 10 min, en remuant de temps en temps. Retirez du feu. Répartissez la sauce chaude mais non brûlante dans 4 ramequins individuels.

Servez le camembert directement dans sa boîte et dégustez-le comme une fondue savoyarde avec de la baguette ou des gressins que vous tremperez dans le fromage. Accompagnez de sauce aux canneberges.

Voir variantes p. 33

Bruschettas au jambon et aux artichauts

Pour 4 personnes

Des bruschettas raffinées, qui révèlent les saveurs traditionnelles de l'Italie.
Vous pouvez les préparer en grande quantité et les servir sous forme de canapés,
au moment de l'apéritif.

8 tranches de baguette ou de ciabatta
1 gousse d'ail, coupée en 2
8 c. à t. d'huile d'olive
8 fines tranches de jambon fumé ou de jambon
  de Parme

225 g (7,5 oz) d'artichauts marinés en bocal,
  égouttés
4 c. à s. de copeaux de parmesan
1 c. à t. de feuilles de basilic

Préchauffez le gril du four.

Frottez l'une des faces de chaque tranche de pain avec la gousse d'ail. Arrosez ensuite
chacune d'entre elles avec 1 c. à t. d'huile d'olive.

Faites légèrement griller les deux faces des morceaux de pain sous le gril.

Déposez 1 tranche de jambon sur chaque tartine. Coupez les artichauts en morceaux
et répartissez-les sur le jambon. Parsemez de copeaux de parmesan et de feuilles
de basilic.

Voir variantes p. 34

Mélange de fruits secs aux épices

Pour 350 g (11,5 oz) de préparation (6 à 8 personnes)

Voici un apéritif épicé, idéal pour bien commencer la soirée. Vous pouvez confectionner des bocaux de fruits secs pour les offrir à vos amis.

2 c. à s. de beurre
150 g (1 ¼ tasse) de noix de pécan
150 g (1 ¼ tasse) d'arachides grillées,
   non salées
150 g (1 ¼ tasse) d'amandes entières

1 c. à s. de sauce Worcestershire
1 c. à t. de piment en poudre
¼ de c. à t. de cumin moulu
¼ de c. à t. de sel
¼ de c. à t. de poivre noir

Préchauffez le four à 350 °F (180 °C). Mettez le beurre dans un plat allant au four peu profond tapissé de papier d'aluminium – il doit être suffisamment grand pour que vous étaliez les fruits secs sur une seule couche. Enfournez le plat jusqu'à ce que le beurre ait fondu. Ajoutez alors les noix de pécan, les arachides, les amandes et la sauce Worcestershire. Secouez le plat de manière à bien enrober les fruits secs de sauce. Dans un bol, mélangez le piment, le cumin, le sel et le poivre. Saupoudrez uniformément les fruits secs de cette préparation, puis mélangez de nouveau. Faites cuire au four 15 à 20 min, jusqu'à ce que les fruits soient grillés, en remuant au bout de 10 min de cuisson.

Sortez le plat du four. Transvasez la préparation dans un bol et servez immédiatement. Vous pouvez préparer cette recette la veille : dans ce cas, laissez les fruits secs refroidir complètement, puis conservez-les dans un récipient hermétique jusqu'au moment de servir.

Variantes p. 35

Blinis au saumon, aux câpres et au fromage aux herbes

Pour 4 personnes

Cette délicieuse entrée se prépare en quelques minutes, hormis si vous décidez de confectionner les blinis vous-même.

125 g (4 oz) de ricotta ou de fromage frais
1 c. à s. d'aneth, ciselé
½ c. à s. de câpres
Sel et poivre noir du moulin
8 blinis

65 g (2 oz) de morceaux de saumon fumé
    ou 2 belles tranches
2 fines lamelles de citron, coupées en 4,
    pour la garniture

Mélangez le fromage, l'aneth et les câpres. Salez, poivrez et étalez cette préparation sur les blinis.

Garnissez de saumon fumé et ajoutez un quart de tranche de citron sur chaque blinis.

Voir variantes p. 36

Crevettes et trempette au cresson

Pour 4 personnes

Pour cette entrée toute simple mais néanmoins délicieuse, utilisez des crevettes extra-fraîches et de bonne qualité. Servez avec des triangles de pain de mie complet légèrement beurrés.

16 à 24 crevettes (selon la taille), cuites, non décortiquées
1 bouquet de cresson

15 cl (²/₃ tasse) de crème 35 %
Le zeste de 1 citron, râpé
Sel et poivre du moulin

Lavez les crevettes, essuyez-les soigneusement puis disposez-les sur un plat de service.

Hachez finement la moitié du cresson, dans un robot ménager ou à l'aide de ciseaux bien aiguisés. Mélangez-le avec la crème 35 % et ajoutez le zeste de citron ; salez, poivrez.

Transférez la trempette dans un bol et servez-la avec les crevettes et le cresson restant.

Voir variantes p. 37

Œufs mimosa aux anchois

Pour 4 personnes

Cette entrée classique, toujours très appréciée, peut également être servie à l'apéritif ou sur un buffet.

4 gros œufs, à température ambiante
1 c. à s. de vinaigre
4 c. à s. de mayonnaise ou de yogourt nature
2 c. à t. de filets d'anchois finement hachés
   + 4 filets coupés en deux pour la décoration

1 c. à t. de jus de citron
Sel
Paprika
Quelques brins de persil, pour la décoration

Mettez les œufs dans une grande casserole (ils ne doivent pas se superposer). Couvrez-les d'eau, en dépassant d'au moins 2,5 cm (1 po), puis ajoutez le vinaigre. Portez à ébullition et laissez frémir 7 min – utilisez un minuteur pour vous assurer que les œufs ne cuisent pas trop longtemps et éviter ainsi la formation d'un anneau noir autour des jaunes. Égouttez-les et passez-les sous un filet d'eau froide pendant 1 min. Réservez-les jusqu'à ce qu'ils soient suffisamment tièdes pour être écalés.

Lorsque les œufs sont froids, coupez-les en 2 dans la hauteur et prélevez les jaunes à l'aide d'une cuillère. Écrasez ceux-ci dans un bol et mélangez-les avec la mayonnaise ou le yogourt, les anchois hachés et le jus de citron. Salez, puis ajoutez un soupçon de paprika.

Remettez les jaunes d'œufs dans les blancs à l'aide d'une poche à douille ou d'une cuillère et décorez chaque demi-œuf d'un demi-filet d'anchois et d'un brin de persil.

Voir variantes p. 38

Bhajis d'oignon cuits au four et raïta à la menthe

Pour 4 personnes

Ces petites entrées indiennes cuisent habituellement dans un bain de friture, ce qui (même si elles sont délicieuses...) les rend très riches. Les bhajis cuits au four offrent une option plus diététique. Toutefois, si vous souhaitez respecter la tradition, faites-les frire dans un bain d'huile à 375 °F (190 °C) pendant 8 min, en les retournant une fois.

Pour les bhajis
1 gros oignon
1 c. à s. d'huile de tournesol
½ c. à t. de curcuma
125 g (¾ tasse) de farine de pois chiche
    ou de farine de blé
1 c. à t. de garam masala
1 c. à s. de chutney de mangue
1 c. à s. de jus de citron

1 pincée de piment en poudre
1 grosse pincée de sel

Pour le raïta à la menthe
12,5 cl (½ tasse) de yogourt nature
1 c. à s. de sauce à la menthe en bocal
    (au rayon «produits du monde»)
½ c. à t. de curcuma

Préchauffez le four à 350 °F (180 °C). Tapissez une plaque à pâtisserie de papier sulfurisé. Coupez l'oignon en 2, puis en lamelles. Faites-les revenir pendant 5 à 7 min dans l'huile, avec le curcuma, jusqu'à ce qu'elles soient tendres – remuez de temps en temps.

Mélangez les autres ingrédients des bhajis dans un bol, en ajoutant un peu d'eau jusqu'à obtention d'une pâte très épaisse. Incorporez les lamelles d'oignon et façonnez 8 boulettes. Déposez-les sur la plaque, en les aplatissant un peu. Enfournez-les pour 15 min, jusqu'à ce que les bhajis soient croustillants.

Pendant que les bhajis cuisent, préparez le raïta en mélangeant tous les ingrédients dans un petit bol.

Voir variantes p. 39

Figues à la feta et au jambon de Parme

Recette de base p. 19

Poires au bleu et au jambon de Parme
Épluchez 4 poires bien mûres, coupez-les en 2 et évidez-les. Arrosez-les
de jus de citron. Suivez la recette de base, en remplaçant les figues et la feta
par des poires et du bleu, et l'huile d'olive par de l'huile de noix (facultatif).

Cantaloup au parmesan et au jambon de Parme
Épluchez et épépinez un cantaloup. Coupez-le en morceaux. Suivez la recette
de base, en remplaçant les figues et la feta par les morceaux de cantaloup
et 50 g (1,5 oz) de copeaux de parmesan.

Figues rôties à la feta et au jambon de Parme
Disposez les figues dans un plat à gratin et saupoudrez-les d'un peu de
sucre. Préchauffez le four à 400 °F (200 °C). Enfournez pour 15 min environ,
jusqu'à ce que le dessus des figues commence à caraméliser. Parsemez les
figues de feta et enfournez de nouveau. Laissez griller 2 ou 3 min. Suivez
ensuite la recette de base.

Figues à la feta et aux noix
Suivez la recette de base, en remplaçant le jambon par 75 g (2/3 tasse) de
cerneaux de noix. Faites-les griller 3 min environ dans une sauteuse à fond
épais, sur feu vif, sans cesser de remuer, jusqu'à ce qu'ils soient dorés.
Laissez-les refroidir avant de les utiliser dans la recette.

Variantes

Camembert chaud à la sauce aux canneberges

Recette de base p. 21

Brie chaud à la sauce aux canneberges
Suivez la recette de base, en remplaçant le camembert par un petit brie.

Camembert chaud à la confiture d'oignons
Suivez la recette de base, en remplaçant la sauce aux canneberges par un bocal de confit d'oignons.

Camembert chaud à la sauce à la rhubarbe
Suivez la recette de base, en remplaçant les canneberges par de la rhubarbe épluchée et coupée en tronçons de 2,5 cm (1 po).

Fondue de camembert aux fruits
Suivez la recette de base, sans préparer la sauce aux canneberges. Servez le camembert avec des fruits crus, par exemple des lamelles de pomme et de poire (trempées dans du jus de citron, pour éviter qu'elles noircissent), des grains de raisin noir et blanc, des noix de pécan ou des noix grillées et des gressins.

Variantes

Bruschettas au jambon et aux artichauts

Recette de base p. 22

Bruschettas à la purée de haricots blancs
Suivez la recette de base, sans préparer la garniture. Écrasez (ou mixez à l'aide d'un robot) 100 g (⅔ tasse) de haricots blancs en bocal égouttés, 2 c. à s. d'huile d'olive, 1 c. à s. de jus de citron, 1 c. à s. de persil ciselé, 1 petite gousse d'ail pressée ; salez, poivrez. Étalez cette purée sur le pain grillé et saupoudrez de paprika.

Bruschettas aux poivrons grillés
Suivez la recette de base, en remplaçant les artichauts par des poivrons grillés en bocal.

Bruschettas au pâté
Suivez la recette de base, en remplaçant le jambon par du pâté de bonne qualité. Garnissez les bruschettas d'artichauts ou de poivrons grillés. Supprimez les copeaux de parmesan et le basilic.

Bruschettas aux tomates et aux herbes
Suivez la recette de base, sans préparer la garniture. Coupez 3 tomates de taille moyenne en petits morceaux et mélangez-les avec 2 c. à s. de tomates séchées à l'huile, 3 c. à s. de basilic ciselé, 2 c. à s. d'oignon rouge finement émincé, 2 c. à s. d'huile d'olive, 1 c. à t. de jus de citron, ¼ de c. à t. de sucre, 1 pincée de sel et de poivre. Servez ces bruschettas froides ou réchauffées au gril pendant 5 min.

Mélange de fruits secs aux épices

Recette de base p. 24

Mélange de fruits secs aux épices à l'indienne
Suivez la recette de base, en remplaçant le beurre par de l'huile d'arachide
ou de noisette et en supprimant la sauce Worcestershire. Remplacez les épices
par 1 c. à t. de cumin moulu, 1 c. à t. de coriandre moulue, 1 c. à t. de garam
masala, ½ c. à t. de poivre de Cayenne et ½ c. à t. de curcuma. Ajoutez 75 g
(½ tasse) de raisins secs ou de noix coco râpée (facultatif).

Mélange de fruits secs aux épices pour Noël
Suivez la recette de base, en supprimant la sauce Worcestershire et en
remplaçant les épices par 125 g (½ tasse) de sucre roux, 1 c. à t. de cannelle en
poudre, 1 c. à t. de gingembre en poudre et 1 grosse pincée de noix de
muscade moulue. Salez et ajoutez du poivre de Cayenne.

Arachides pimentées
Suivez la recette de base, en remplaçant les fruits secs par 450 g (3 ¼ tasses)
d'arachides grillées non salées. Remplacez les épices par 1 c. à s. de piment
en poudre et 1 c. à t. de cumin moulu.

Blinis au saumon, aux câpres et au fromage aux herbes

Recette de base p. 25

Blinis au jambon fumé et au fromage aux herbes
Suivez la recette de base, en remplaçant l'aneth par ½ c. à s. de persil ciselé et ½ c. à t. de ciboulette ciselée, et le saumon fumé par du jambon fumé. Garnissez chaque blinis de ½ tomate cerise.

Blinis au fromage, à l'aneth et au concombre
Suivez la recette de base, en supprimant les câpres. Remplacez le saumon par des rondelles de concombre. Arrosez de jus de citron et parsemez d'aneth frais.

Blinis au fromage aux herbes et aux tomates séchées
Suivez la recette de base, en remplaçant l'aneth par du basilic, et le saumon par 4 demi-tomates séchées coupées en morceaux. Ajoutez ½ olive noire sur chaque blini.

Blinis au fromage épicé, aux herbes et aux crevettes
Suivez la recette de base, en supprimant les câpres. Remplacez l'aneth par de la coriandre et mélangez le fromage avec ¼ à ½ c. à t. de piment rouge haché. Remplacez le saumon par 2 petites crevettes ou 1 grosse crevette à poser sur chaque blini, et le citron jaune par du citron vert.

Crevettes et trempette au cresson

Recette de base p. 26

Crudités et trempette au cresson

Suivez la recette de base pour la trempette au cresson. Servez-la avec des bâtonnets de crudités – concombre, céleri, carottes, par exemple – et quelques légumes entiers – des pois mange-tout ou des mini-épis de maïs. Accompagnez également de gressins et de croustilles.

Crevettes et trempette méditerranéenne

Remplacez la trempette au cresson par la préparation suivante : mélangez 12,5 cl (½ tasse) de crème 35 %, 175 g (6 oz) de houmous, 125 g (4 oz) de feta émiettée, 2 oignons nouveaux émincés, ¼ de poivron rouge coupé en petits morceaux, 1 gousse d'ail pressée et ¼ de c. à t. de cumin moulu. Salez, poivrez.

Crevettes et trempette épicée

Remplacez la trempette au cresson par la préparation suivante : mélangez 25 cl (1 tasse) de mayonnaise et 2 à 4 c. à t. de harissa. Ajoutez 1 c. à t. de jus de citron vert, 1 c. à t. de miel et 1 c. à s. de coriandre ciselée.

Crevettes et sauce à la russe

Remplacez la trempette au cresson par la préparation suivante : mélangez 25 cl (1 tasse) de mayonnaise, 4 c. à s. de ketchup, 1 c. à s. de sauce Worcestershire, 2 c. à s. d'oignon finement ciselé, 1 c. à s. de poivron rouge et 1 c. à s. de poivron vert finement émincés.

Variantes

Œufs mimosa aux anchois

Recette de base p. 29

Œufs mimosa simplifiés
Suivez la recette de base, en supprimant les anchois et le jus de citron.
Assaisonnez les jaunes d'œufs écrasés avec 1 c. à t. de moutarde mélangée
à 1 c. à t. de vinaigre. Parsemez de persil ciselé.

Œufs au crabe
Suivez la recette de base, en remplaçant les anchois par 4 c. à s. de chair
de crabe émiettée. Décorez avec 1 minicrevette ou quelques morceaux
de chair de crabe.

Œufs pimentés
Suivez la recette de base, en supprimant les anchois. Mélangez les jaunes
d'œufs écrasés avec 2 c. à s. de fromage frais, 1 c. à t. de beurre, ½ c. à t.
de piment rouge émincé ou ¼ de c. à t. de piment rouge en poudre,
1 pincée de cumin et 1 pincée de curcuma. Parsemez de coriandre ciselée.

Œufs au bleu
Suivez la recette de base, en supprimant les anchois et le jus de citron.
Mélangez les jaunes d'œufs écrasés avec 4 c. à s. de bleu émietté,
2 c. à s. de crème 35 % et 1 pincée de poivre de Cayenne.

Bhajis d'oignon cuits au four et raïta à la menthe

Recette de base p. 30

Bhajis de légumes
Suivez la recette de base, en remplaçant l'oignon par 225 g (7,5 oz) d'un
mélange de légumes surgelés préalablement décongelés.

Bhajis d'oignon au chutney de tomate
Suivez la recette de base, en remplaçant le raïta par le chutney de tomate
suivant : faites chauffer 1 c. à s. d'huile dans une sauteuse, ajoutez 1 c. à s.
de gingembre râpé et 1 c. à t. de piment rouge écrasé. Incorporez 200 g (6,5 oz)
de tomates pelées, 4 c. à s. de sucre, 1 c. à s. de vinaigre et 1 c. à s. de raisins
secs. Laissez cuire sur feu moyen, jusqu'à ce que le mélange ait épaissi.

Bhajis de panais aux graines de moutarde
Préchauffez le four à 350 °F (180 °C). Étalez 175 g (6 oz) de panais râpé sur une
plaque à pâtisserie tapissée de papier sulfurisé. Enfournez pour 10 min. Faites
griller 1 c. à s. de graines moutarde noire à sec dans une sauteuse. Suivez
ensuite la recette de base, en remplaçant l'oignon par le panais et les graines de
moutarde.

Wraps de bhajis d'oignon
Suivez la recette de base. Étalez un peu de chutney de mangue sur 4 wraps,
recouvrez de feuilles de laitue émincées. Ajoutez 2 bhajis d'oignon coupés
en 2 sur chaque wrap. Recouvrez de raïta à la menthe. Roulez et servez.

Soupes

Les soupes sont des plats simples et familiaux,

roboratifs et faciles à préparer. Lorsque vous

les confectionnez, ayez toujours en tête

la chose suivante : plus les morceaux sont

petits, plus le temps de cuisson est écourté.

Et servez-les avec du pain bien frais : un régal !

Soupe de tomates au pesto

Pour 6 personnes

Tout le monde aime la soupe de tomates, et celle-ci est délicieusement parfumée au basilic. Servez-la avec du pain frais et du fromage de brebis – du manchego, par exemple – pour un repas équilibré.

2 gousses d'ail, coupées en 2
2 c. à s. d'huile d'olive
3 boîtes de 400 g (13,5 oz) de tomates pelées
1 petite pomme de terre, pelée et coupée
    en morceaux
50 cl (2 tasses) de bouillon de légumes
    ou de volaille

1 c. à t. de sucre
Sel et poivre
12,5 cl (½ tasse) de pesto prêt à l'emploi
7,5 cl (⅓ tasse) de crème 35 %, pour servir

Faites revenir l'ail 3 min dans l'huile d'olive, dans une grande casserole, jusqu'à ce qu'il soit tendre et doré, puis ôtez les gousses.

Ajoutez les tomates dans la casserole et faites-les cuire 5 min à feu moyen, en remuant de temps en temps. Incorporez la pomme de terre, le bouillon et le sucre. Salez, poivrez. Portez à ébullition puis réduisez le feu et laissez mijoter 10 min.

Mixez la soupe à l'aide d'un mixeur plongeant. Incorporez la moitié du pesto et rectifiez l'assaisonnement. Servez la soupe avec le pesto restant et la crème 35 %.

Voir variantes p. 54

Bisque de palourdes au maïs

Pour 4 personnes

Cette soupe généreuse peut constituer à elle seule un repas complet. L'utilisation
de bouillon de palourdes est préférable pour une préparation plus savoureuse,
mais si vous souhaitez qu'elle soit plus douce, utilisez du bouillon de légumes.

2 c. à s. de beurre ou d'huile
3 fines tranches de lard, coupées en morceaux
1 gros oignon, émincé
2 branches de céleri, émincées
3 pommes de terre, coupées en dés
2 c. à s. de farine
22,5 cl (¾ tasse) de bouillon de palourdes
  ou de fond de poisson
1 feuille de laurier

½ c. à t. de sel
¼ de c. à t. de poivre noir
50 cl (2 tasses) de lait ou de crème liquide
400 g (13,5 oz) de palourdes cuites,
  décortiquées
1 boîte de 200 g (6,5 oz) de maïs en grains
Persil frais, pour la décoration
Craquelins, pour l'accompagnement

Faites fondre le beurre dans une casserole et mettez-y le lard. Faites-le revenir quelques
minutes, jusqu'à ce qu'il soit croustillant. Incorporez l'oignon et le céleri, puis poursuivez
la cuisson 5 min, jusqu'à ce que l'oignon soit tendre. Ajoutez les pommes de terre, mélangez
bien. Versez la farine en la tamisant, le bouillon de palourdes, le laurier, le sel et le poivre.
Portez à ébullition et laissez mijoter 10 min environ, jusqu'à ce que les pommes de terre
soient cuites sans s'écraser.

Versez le lait ou la crème, ajoutez les palourdes et le maïs. Réchauffez sans porter à ébullition
(la crème risquerait de cailler) et rectifiez l'assaisonnement. Retirez la feuille de laurier.
Parsemez la soupe de persil ciselé et servez-la avec des craquelins.

Voir variantes p. 55

Soupe de carottes à la coriandre

Pour 4 à 6 personnes

Cette délicieuse soupe, colorée et appétissante, fera une excellente entrée ou un repas léger. Servez-la accompagnée de pain aux céréales.

2 c. à s. d'huile de tournesol
1 oignon de taille moyenne, émincé
1 c. à t. de coriandre moulue
1 pomme de terre de taille moyenne,
   lavée ou pelée
600 g (1,3 lb) de carottes, lavées ou pelées
1 feuille de laurier

1 l (4 tasses) de bouillon de volaille
   ou de légumes
Sel et poivre
2 c. à s. de coriandre ciselée + quelques feuilles
   pour la décoration
Crème liquide ou crème de soya (facultatif)

Faites chauffer l'huile dans une casserole, puis mettez-y l'oignon. Faites-le revenir 5 min environ, en remuant de temps en temps, jusqu'à ce qu'il soit tendre. Ajoutez la coriandre moulue et poursuivez la cuisson pendant 1 min.

Coupez la pomme de terre et les carottes en petits morceaux. Incorporez-les dans la casserole et faites-les revenir 2 min, sans cesser de remuer. Ajoutez le bouillon, le laurier et portez à ébullition. Couvrez et laissez mijoter 10 min à feu doux, jusqu'à ce que les légumes soient tendres. Versez alors la coriandre ciselée, puis mixez la soupe à l'aide d'un mixeur plongeant ou dans un mélangeur, jusqu'à ce qu'elle soit bien lisse. Salez, poivrez.

Réchauffez si nécessaire et servez avec un trait de crème liquide ou de crème de soya et quelques feuilles de coriandre.

Voir variantes p. 56

Soupe de poulet thaïe au lait de coco

Pour 6 personnes

Il ne s'agit peut-être pas de la recette thaïlandaise traditionnelle, mais cette soupe ressemble beaucoup à sa cousine asiatique, sans toutefois nécessiter ces ingrédients exotiques parfois si difficiles à trouver.

2 c. à s. d'huile de tournesol
350 g (11,5 oz) de cuisses de poulet désossées, coupées en fines lamelles
80 cl (3 ½ tasses) de lait de coco
1 l (4 tasses) de bouillon de volaille
6 champignons shiitakes, coupés en lamelles
2 c. à s. de gingembre frais, râpé
1 c. à t. de pâte de citronnelle

4 c. à s. de nuoc-mâm
6 c. à s. de jus de citron vert
¼ de c. à t. de poivre de Cayenne
½ c. à t. de sucre roux
5 oignons nouveaux, émincés
8 tomates cerises, coupées en 2
4 c. à s. de coriandre ciselée

Faites chauffer l'huile dans une grande casserole : saisissez-y le poulet 2 ou 3 min, jusqu'à ce qu'il blanchisse. Versez le lait de coco et le bouillon de volaille. Portez à ébullition puis baissez le feu.

Ajoutez les champignons, le gingembre, la pâte de citronnelle, le nuoc-mâm, le jus de citron vert, le poivre de Cayenne et le sucre. Laissez mijoter 10 min, jusqu'à ce que le poulet soit cuit. Parsemez d'oignons nouveaux, de demi-tomates cerises et de coriandre. Servez bien chaud.

Voir variantes p. 57

Soupe de poireaux aux lentilles

Pour 4 personnes

Voici une soupe réconfortante pour les froides journées d'hiver. Utilisez des lentilles en conserve afin de gagner du temps. Si vous leur préférez des lentilles vertes sèches, comptez alors 30 à 40 min de cuisson.

1 c. à s. de beurre
2 poireaux de taille moyenne,
    coupés en fines rondelles
2 gousses d'ail, pressées
1 c. à t. de paprika
½ c. à t. de cumin moulu
1 boîte de 400 g (13,5 oz) de lentilles vertes,
    égouttées

1 l (4 tasses) de bouillon de volaille
    ou de légumes
Sel et poivre du moulin
4 c. à s. de yogourt
4 c. à s. de persil ciselé

Faites fondre le beurre dans une casserole, puis ajoutez les poireaux et l'ail. Faites-les revenir 5 min, en remuant fréquemment, jusqu'à ce qu'ils soient tendres et translucides. Ajoutez le paprika et le cumin et poursuivez la cuisson pendant 1 min. Incorporez les lentilles et le bouillon. Salez, poivrez. Portez à ébullition, réduisez le feu et laissez mijoter 10 min.

Mixez partiellement la soupe à l'aide d'un mixeur plongeant, en laissant des morceaux – ou retirez la moitié de la soupe de la casserole et mixez le reste finement dans un robot ménager. Replacez le tout dans la casserole et réchauffez si nécessaire. Servez chaque portion avec 1 c. à s. de yogourt et parsemez de persil ciselé.

Voir variantes p. 58

Soupe de poulet aux tortillas

Pour 4 à 6 personnes

Le bouillon est primordial dans la réalisation de cette recette mexicaine : par conséquent, choisissez-en un d'excellente qualité. Et n'oubliez pas les tortillas, qui rendront votre soupe plus consistante.

2 c. à s. d'huile de maïs ou de tournesol
1 oignon rouge de taille moyenne, émincé
1 poivron rouge, émincé
1 poivron vert, émincé
1 piment jalapeño, émincé
2 gousses d'ail, pressées
1 c. à t. de cumin moulu
½ à 1 c. à t. de piment en poudre
½ c. à t. de coriandre moulue
2 c. à t. d'origan déshydraté

1 boîte de 200 g (6,5 oz) de tomates concassées
1 l (4 tasses) de bouillon de volaille
350 g (11,5 oz) de poulet cuit émincé
1 boîte de 400 g (13,5 oz) de maïs en grains
4 c. à s. de coriandre, ciselée
Le jus de ½ citron vert
Sel
Chips tortillas
Lamelles d'avocat, pour la décoration

Faites chauffer l'huile dans une casserole, puis ajoutez l'oignon, les poivrons, le piment jalapeño et l'ail. Faites revenir le tout 5 min, sans cesser de remuer. Incorporez le cumin, le piment en poudre, la coriandre et l'origan ; poursuivez la cuisson pendant 1 min. Versez le bouillon et les tomates : portez à ébullition, réduisez le feu et laissez mijoter 10 min. Ajoutez le poulet et le maïs. Au bout de 5 min, retirez la casserole du feu.

Incorporez la coriandre ciselée et le jus de citron vert. Salez. Déposez 1 poignée de chips tortillas au fond de chaque bol, puis recouvrez-les de soupe. Parsemez de lamelles d'avocat. Servez immédiatement.

Voir variantes p. 59

Bisque de crevettes

Pour 6 personnes

Cette soupe onctueuse et gourmande est délicieuse servie avec du pain croustillant et un verre de chablis bien frais.

2 c. à s. de beurre
5 oignons nouveaux, coupés en rondelles
1 gousse d'ail pressée
3 c. à s. de farine
1 l (4 tasses) de fond de poisson
1 boîte de 400 g (13,5 oz) de tomates au naturel
15 cl (⅔ tasse) de vin blanc ou de xérès sec (facultatif)

Le jus de ½ citron
1 c. à s. de sauce Worcestershire
1 c. à s. de pâte de tomates
350 g (11,5 oz) de crevettes cuites, décortiquées
15 cl (⅔ tasse) de crème 35 %
Sel et poivre
1 c. à s. d'estragon ou de persil ciselé
Quelques rondelles de citron pour la décoration

Faites fondre le beurre dans une casserole puis ajoutez les oignons nouveaux et l'ail. Faites-les revenir 2 min, sans cesser de remuer, jusqu'à ce qu'ils soient tendres. Saupoudrez de farine et poursuivez la cuisson pendant 1 min. Retirez la casserole du feu, puis versez progressivement le fond de poisson en mélangeant bien, afin que la soupe soit homogène. Remettez la casserole sur le feu et portez à ébullition. Laissez chauffer sans cesser de remuer, jusqu'à ce que la soupe ait épaissi.

Ajoutez les tomates, le vin ou le xérès, le jus de citron, la sauce Worcestershire et la pâte de tomates. Laissez cuire 5 min. Incorporez les crevettes et mixez. Versez la crème 35 %, salez, poivrez et réchauffez quelques minutes, sans porter à ébullition. Parsemez d'estragon ou de persil et servez avec une rondelle de citron.

Voir variantes p. 60

Velouté de petits pois à la menthe

Pour 4 personnes

Ce velouté aux saveurs estivales se cuisinant avec des petits pois surgelés, vous le dégusterez à n'importe quel moment de l'année. Il deviendra vite un grand classique de votre table, que vous pourrez préparer même lorsque vous pensez que vous n'avez rien à manger.

2 c. à s. de beurre
1 oignon rouge de taille moyenne, émincé
1 gousse d'ail
500 g (1,1 lb) de petits pois surgelés
2 c. à s. de menthe fraîche, ciselée
    ou 2 c. à t. de menthe séchée

50 cl (2 tasses) de bouillon de légumes
    ou de volaille
Sel et poivre
4 c. à s. de crème liquide (facultatif)
Allumettes de lardons pour la décoration
    (facultatif)

Faites fondre le beurre dans une casserole. Ajoutez l'oignon et l'ail. Faites-les revenir 5 min, en remuant fréquemment, jusqu'à ce que les oignons soient translucides. Ajoutez les petits pois, la menthe et le bouillon. Salez, poivrez. Portez à ébullition, couvrez et laissez mijoter 10 min.

Mixez le velouté à l'aide d'un mixeur plongeant ou dans un robot ménager. Incorporez éventuellement la crème liquide puis réchauffez quelques minutes sans porter à ébullition. Au moment de servir, parsemez de lardons rissolés.

Voir variantes p. 61

Variantes

Soupe de tomates au pesto

Recette de base p. 41

Soupe de poivrons grillés
Suivez la recette de base, en remplaçant le pesto par 1 bocal de 350 g (11,5 oz)
de poivrons grillés. Au moment de servir, ajoutez 1 c. à s. de crème 35%.

Soupe de tomates à l'orange
Suivez la recette de base, en remplaçant le pesto par le jus et le zeste
de 1 orange et en ajoutant 1 feuille de laurier – que vous retirerez avant
de mixer. Au moment de servir, incorporez 1 c. à s. de crème 35% ou 1 trait
d'huile d'olive extravierge.

Soupe de tomates fraîches au pesto
Suivez la recette de base, en remplaçant les tomates en conserve par
1 kg (2,2 lb) de tomates fraîches coupées en morceaux – pour obtenir une
texture ultrafine, pelez les tomates avant de les couper. Prolongez le temps
de cuisson de 10 min, en mélangeant régulièrement.

Soupe crémeuse de tomates au pesto
Suivez la recette de base, en doublant la quantité de crème 35%
– incorporez la moitié de la crème lorsque vous mixez la soupe.

Variantes

Bisque de palourdes au maïs

Recette de base p. 43

Soupe de maïs aux haricots rouges
Suivez la recette base, en utilisant du bouillon de volaille et en remplaçant
les palourdes par 1 boîte de 400 g (13,5 oz) de haricots rouges. Ajoutez 1 c. à s.
de sauce Worcestershire en même temps que le lait.

Soupe de maïs aux sardines
Suivez la recette de base, en remplaçant les palourdes par 120 g (4 oz) de
sardines au naturel ou à l'huile en conserve, bien égouttées et légèrement
écrasées.

Soupe de maïs à la saucisse épicée
Faites frire 350 g (11,5 oz) de saucisse italienne épicée pelée et coupée en petits
morceaux avec le lard. Jetez la quasi-totalité de la graisse de cuisson, puis
suivez la recette de base, en remplaçant le fond de poisson par du bouillon
de volaille ou de légumes et en supprimant les palourdes. Parsemez
de coriandre ciselée.

Soupe de maïs à la dinde
Suivez la recette de base, en remplaçant le fond de poisson par du bouillon
de volaille, et les palourdes par 300 g (10 oz) de morceaux de dinde cuite. Vous
pouvez également incorporer des restes de légumes cuits – carottes, petits pois,
champignons, par exemple.

Variantes

Soupe de carottes à la coriandre

Recette de base p. 44

Soupe de légumes-racines à la coriandre
Suivez la recette de base, en remplaçant une partie des carottes
par des morceaux de panais et de rutabaga.

Soupe de courge butternut à la coriandre
Suivez la recette de base, en remplaçant les carottes par 600 g (1,3 lb) de
chair de courge butternut.

Soupe de carottes au fromage frais
Suivez la recette de base, en incorporant 50 g (1,5 oz) de fromage frais au
moment de servir. Pour une saveur aillée, remplacez la coriandre – moulue et
fraîche – par un peu de Boursin®. Supprimez la crème liquide.

Soupe de carottes au gingembre
Suivez la recette de base, en remplaçant la coriandre – moulue et fraîche –
par 1 ½ c. à s. de gingembre frais râpé et ½ c. à t. de cumin moulu.
Au moment de servir, parsemez de persil ciselé et ajoutez 1 c. à s. de
yogourt.

Soupe de poulet thaïe au lait de coco

Recette de base p. 47

Soupe de crevettes thaïe au lait de coco

Suivez la recette de base, en remplaçant le poulet par 350 g (11,5 oz) de petites crevettes crues – si vous utilisez des crevettes cuites, incorporez-les en même temps que les champignons.

Soupe de poulet thaïe au lait de coco et aux épinards

Suivez la recette de base, en ajoutant 125 g (4 oz) d'épinards après l'avoir laissée mijoter 5 min. Poursuivez la cuisson pendant encore 5 min, en mélangeant pour bien amalgamer les épinards.

Soupe de poulet épicée au lait de coco

Suivez la recette de base, en ajoutant 1 ou 2 piments rouges coupés en fines rondelles ou ½ à ¾ de c. à t. de piment déshydraté écrasé.

Soupe de tofu thaïe au lait de coco

Suivez la recette de base (ou les variantes aux épinards ou épicée ci-dessus), en supprimant le poulet et en remplaçant le bouillon de volaille par du bouillon de légumes. Lorsque la soupe est cuite, ajoutez 350 g (11,5 oz) de tofu soyeux coupé en dés, puis réchauffez 2 min avant de servir.

Soupe de poireaux aux lentilles

Recette de base p. 48

Soupe de tomates aux lentilles
Suivez la recette de base, en ajoutant 1 boîte de 400 g (13,5 oz) de tomates pelées et 1 c. à s. de pâte de tomates.

Soupe de poulet aux lentilles
Suivez la recette de base, en ajoutant 350 g (11,5 oz) de poulet cuit finement émincé après avoir mixé la soupe. Réchauffez-la quelques minutes avant de servir.

Soupe de lentilles à l'égyptienne
Suivez la recette de base, en remplaçant les poireaux par 1 gros oignon. Augmentez la quantité de cumin (2 c. à t.), ajoutez 1 c. à t. de coriandre moulue et ½ c. à t. de curcuma en même temps que le paprika. Pressez ½ citron dans la soupe au moment de parsemer de persil. Le yogourt est facultatif.

Soupe de lentilles au curry
Suivez la recette de base, en ajoutant 1 pomme de terre moyenne et 1 petite carotte coupées en dés en même temps que les poireaux. Remplacez le cumin et le paprika par 2 c. à s. de curry en poudre et ¼ de c. à t. de poivre de Cayenne. Au moment de servir, incorporez le jus de ½ citron.

Variantes

Soupe de poulet aux tortillas

Recette de base p. 49

Soupe de poulet épicée à l'orzo
Suivez la recette de base, en ajoutant 50 g (1,5 oz) d'orzo dans le bouillon.
Remplacez la coriandre et le citron vert par 2 c. à s. de basilic ciselé et 1 c. à t.
de jus de citron. Supprimez les tortillas et l'avocat.

Soupe de haricots rouges aux tortillas
Suivez la recette de base, en remplaçant le poulet par 1 boîte de 400 g
(13,5 oz) de haricots rouges égouttés, et le bouillon de volaille par du bouillon
de légumes.

Soupe de poulet épicée au riz et au citron vert
Suivez la recette de base, en ajoutant 100 g (½ tasse) de riz long en même
temps que le bouillon. Supprimez les tortillas et l'avocat. Accompagnez d'un
quartier de citron vert.

Soupe de pain à la mexicaine
Suivez la recette de base, en supprimant les tortillas et l'avocat. Faites frire
8 tranches de pain de 2,5 cm (1 po) d'épaisseur dans de l'huile chaude, jusqu'à
ce qu'elles soient bien dorées. Disposez-les au fond d'une grande soupière ou
d'un saladier. Ajoutez 50 g (⅓ tasse) de raisins secs, 50 g (⅓ tasse) d'olives
vertes coupées en rondelles, 4 pruneaux dénoyautés coupés en rondelles et
2 œufs durs. Recouvrez de soupe chaude et servez immédiatement.

Bisque de crevettes

Recette de base p. 50

Bisque de crabe ou de homard

Suivez la recette de base, en remplaçant les crevettes par 350 g (11,5 oz) de chair de crabe ou de homard, fraîche ou en conserve.

Bisque de poulet

Suivez la recette de base, en remplaçant le fond de poisson par du bouillon de volaille et en supprimant les crevettes et les rondelles de citron. Une fois que la soupe est mixée, ajoutez 350 g (11,5 oz) de poulet cuit émincé en même temps que la crème.

Bisque de crevettes cajun

Suivez la recette de base, en ajoutant 1 ou 2 c. à t. de mélange d'épices cajuns en même temps que l'oignon nouveau.

Bisque de tomates

Suivez la recette de base, en remplaçant le fond de poisson par du bouillon de volaille ou de légumes. Augmentez la quantité de pâte de tomates pour atteindre 4 c. à s.

Velouté de petits pois à la menthe

Recette de base p. 53

Velouté de petits pois au jambon

Suivez la recette de base, en remplaçant la menthe par 1 c. à t. de thym séché. Une fois que le velouté est mixé, incorporez 225 g (7,5 oz) de jambon coupé en dés en même temps que la crème.

Velouté de petits pois à l'indienne

Suivez la recette de base, en supprimant la crème et les lardons. Ajoutez 1 ou 2 piments verts entiers, 2 c. à s. de gingembre frais râpé, ¼ de c. à t. de cumin moulu et 1 feuille de laurier en même temps que l'oignon. Retirez la feuille de laurier et les piments et ajoutez 1 c. à s. de jus de citron avant de mixer.

Velouté de petits pois aux courgettes et au pesto

Suivez la recette de base, en ajoutant des rondelles de courgette lorsque l'oignon est cuit. Poursuivez la cuisson jusqu'à ce que les courgettes soient tendres. Remplacez la menthe par 2 c. à s. de pesto.

Velouté de petits pois à la salade

Suivez la recette de base, en utilisant 40 cl (1 ⅔ tasse) de bouillon de volaille et 12,5 cl (½ tasse) de lait. Lorsque les petits pois sont cuits, ajoutez 1 laitue romaine grossièrement émincée, puis laissez cuire quelques minutes. Remplacez la crème liquide par du yogourt (facultatif).

Salades

Il existe mille et une façons d'accommoder les salades – elles peuvent constituer un excellent repas complet, être servies en entrée ou encore sont idéales pour les pique-niques et les buffets.

Ce chapitre vous propose une sélection de recettes pour toutes les occasions, à adapter selon vos envies et les ingrédients dont vous disposez.

Salade de quinoa festive

Pour 4 à 5 personnes

Le quinoa est un aliment magique : cette graine originaire d'Amérique du Sud est très appréciée non seulement pour sa saveur de noisette et sa texture croquante, mais aussi parce qu'elle est riche en protéines. Cette salade est parfaite pour un repas de famille, mais vous pouvez également augmenter les quantités et l'apporter à une soirée.

200 g (6,5 oz) de quinoa
65 g (¾ tasse) d'amandes effilées
   ou de pistaches
4 oignons nouveaux, coupés en rondelles
4 c. à s. de menthe fraîche, ciselée

Les graines de 1 grenade
2 branches de céleri, coupées en rondelles
Le zeste râpé et le jus de 1 citron vert
4 c. à s. d'huile d'olive extravierge
   ou d'huile de noisette

Rincez le quinoa. Faites-le cuire environ 12 min dans 75 cl (3 tasses) d'eau bouillante salée, en remuant de temps en temps, jusqu'à ce que les graines soient tendres et que l'anneau de germe soit visible. Égouttez-le puis couvrez avec un torchon propre et laissez reposer 5 min. Étalez-le sur une plaque à pâtisserie et entreposez-le dans un endroit frais pendant 10 min pour qu'il refroidisse.

Faites griller les amandes (ou les pistaches) dans une sauteuse à fond épais, jusqu'à ce qu'elles soient dorées. Mélangez-les avec le quinoa, ajoutez les oignons, la menthe, les graines de grenade, le céleri et le zeste de citron vert. Arrosez de jus de citron vert et d'huile et mélangez bien.

Voir variantes p. 76

Salade de poulet au curry

Pour 4 personnes

Utilisez de la mayonnaise allégée et du yogourt à 0 % de matière grasse pour rendre cette recette plus diététique. Servez-la avec des pommes de terre ou des patates douces cuites au four. Elle est encore meilleure après avoir mariné quelques heures, n'hésitez donc pas à la préparer à l'avance.

500 g (1,1 lb) de poulet émincé
4 oignons nouveaux, coupés en rondelles
2 branches de céleri, coupées en rondelles
3 c. à s. d'abricots secs, coupés en petits
   morceaux
2 c. à s. d'amandes effilées

Pour la vinaigrette
12,5 cl (½ tasse) de mayonnaise
4 c. à s. de yogourt

½ à 1 ½ c. à s. de curry en poudre
1 c. à t. de sauce Worcestershire
2 c. à s. de chutney de mangue
Sel et poivre
1 c. à t. de jus de citron ou de citron vert
4 c. à s. de coriandre fraîche, ciselée
Feuilles de roquette,
     pour l'accompagnement

Dans un saladier, mélangez le poulet, les oignons nouveaux, le céleri et les abricots secs. Faites griller les amandes à sec dans une sauteuse, en remuant fréquemment, jusqu'à ce qu'elles soient légèrement dorées. Laissez-les refroidir.

Préparez la vinaigrette : mélangez tous les ingrédients dans un bol, en ajustant la quantité d'épices et de chutney en fonction de vos goûts. Réservez 2 c. à s. de coriandre ciselée pour la décoration.

Mélangez le poulet avec la sauce et servez sur un lit de feuilles de roquette. Parsemez de coriandre ciselée et d'amandes grillées.

Voir variantes p. 77

Salade tiède de canard aux cinq-épices et à la mangue

Pour 4 personnes

Cette salade gourmande constitue un excellent plat pour le dîner ou pour un déjeuner estival – accompagnez-la simplement de pain frais. Si vous recevez des amis, préparez-la à l'avance, en vous contentant de cuire le canard au moment de servir.

Pour la salade
2 magrets de canard
   de taille moyenne
2 c. à s. de miel
1 c. à t. de mélange cinq-épices chinois
¼ de c. à t. de sel
50 g (1,5 oz) de haricots verts extrafins
50 g (1,5 oz) de pois gourmands
50 g (1,5 oz) de mini-épis de maïs
175 g (6 oz) de salade mêlée
4 oignons nouveaux,
   coupés en rondelles
50 g (1,5 oz) de luzerne germée

1 mangue mûre de taille moyenne,
   épluchée et coupée en lamelles
1 c. à s. de graines de sésame

Pour la sauce
1 c. à t. de miel
4 c. à s. d'huile de tournesol
1 c. à s. d'huile de sésame
1 c. à t. de gingembre frais, râpé
1 c. à s. de jus de citron vert
   ou de vinaigre de riz
1 c. à s. de sauce soya
1 grosse pincée de poivre noir

Préchauffez le gril. À l'aide d'un pinceau à pâtisserie, badigeonnez les magrets de canard de miel, puis saupoudrez-les de cinq-épices et de sel. Faites griller la viande, côté peau sur le dessus, pendant 10 min maximum. Retournez les magrets et laissez-les griller encore 5 min, côté peau sur le dessous – ils doivent être légèrement rosés. Laissez-les reposer 5 min.

Pendant ce temps, blanchissez les haricots verts, les pois gourmands et les mini-épis de maïs 2 min dans l'eau bouillante, jusqu'à ce qu'ils soient tendres mais encore croquants, puis rincez-les à l'eau froide. Laissez-les tremper quelques minutes dans l'eau froide. Égouttez-les.

Préparez la sauce : dans un mélangeur rapide, mélangez le miel avec 1 c. à s. d'eau chaude. Ajoutez le reste des ingrédients et secouez énergiquement.

Mélangez les feuilles de salade, les légumes froids et égouttés, la luzerne germée et la mangue dans un saladier. Découpez les magrets de canard en lamelles puis disposez-les sur la salade. Arrosez de sauce, parsemez de graines de sésame et servez immédiatement.

Voir variantes p. 78

Salade de pousses d'épinards au gorgonzola et aux noix de pécan

Pour 4 personnes

Un grand classique ! Servez cette salade en entrée pour six personnes ou en plat principal pour quatre personnes. Si vous aimez les noix de pécan sucrées, ajoutez 2 pincées de sucre roux juste avant qu'elles finissent de griller.

150 g (1 ¼ tasse) de noix de pécan
1 pincée de sel
250 g (8 oz) de pousses d'épinards
6 petites tomates, coupées en 4
½ petit oignon rouge, coupé en fines rondelles
125 g (4 oz) de gorgonzola, émietté

Pour la vinaigrette
4 c. à s. d'huile d'olive
2 c. à s. de vinaigre de vin rouge
1 pincée de sel et de poivre noir

Faites griller les noix de pécan à sec, dans une sauteuse, pendant environ 5 min, en mélangeant fréquemment. Saupoudrez-les de 1 pincée de sel. Transférez-les sur une assiette et laissez-les refroidir.

Dans un saladier, mélangez les pousses d'épinards, les tomates, l'oignon et le gorgonzola.

Préparez la vinaigrette : versez tous les ingrédients dans un mélangeur rapide et secouez énergiquement.

Ajoutez les noix de pécan dans la salade, arrosez de vinaigrette et mélangez.

Voir variantes p. 79

Salade de haricots verts au jambon et aux œufs de caille

Pour 4 personnes

Lorsque vous réalisez cette salade classique, vous pouvez remplacer les œufs de caille par des œufs de poule. Si vous la préparez à l'avance, couvrez bien le saladier et conservez-le au réfrigérateur, puis sortez-le 30 min avant de servir – trop froide, la salade serait moins goûteuse.

225 g (7,5 oz) de haricots verts extrafins
12 œufs de caille
4 tranches de jambon de Parme, ou tout autre jambon cru, coupé en lamelles
8 tomates cerises, coupées en 2

Pour la sauce
1 gousse d'ail, pressée
3 c. à s. d'huile d'olive
2 c. à s. de crème 35 %
1 c. à t. de sauce teriyaki
Sel et poivre

Faites cuire les haricots verts 5 à 7 min à la vapeur – ils doivent être encore croquants. Rincez-les puis laissez-les tremper quelques minutes dans l'eau froide pour qu'ils refroidissent. Faites cuire les œufs de caille 2 min 30 dans l'eau bouillante. Lorsqu'ils sont tièdes, écalez-les et coupez-les en deux 2 sur la hauteur.
Préparez la sauce : écrasez le jaune de 1 œuf de caille dans un bol et mélangez-le avec l'ail pressé. Incorporez progressivement l'huile d'olive, la crème 35 % et la sauce teriyaki, sans cesser de fouetter. Salez, poivrez.
Disposez les haricots verts, le jambon et les tomates dans un plat peu profond. Arrosez de sauce, ajoutez les œufs de caille et mélangez rapidement.

Voir variantes p. 80

Salade de lentilles au fromage de chèvre

Pour 4 personnes

Cette recette sera confectionnée avec des lentilles en bocal, qui permettent de la préparer en un tournemain. Nourrissante, elle est très intéressante sur le plan nutritionnel. Servez-la avec du pain complet chaud et bien croustillant.

400 g (2 tasses) de lentilles vertes en bocal, égouttées, ou l'équivalent en lentilles cuites à la maison
1 petit oignon rouge, coupé en rondelles
1 poivron rouge de taille moyenne, coupé en lamelles
1 avocat, coupé en lamelles et arrosé de jus de citron
¼ de concombre, coupé en rondelles

Pousses de petits pois ou salade mêlée
75 g (2,5 oz) de fromage de chèvre, émietté

Pour la sauce
3 c. à s. d'huile d'olive
1 c. à s. de vinaigre balsamique
1 c. à t. de thym frais, ciselé, ou ¼ de c. à t. de thym séché
1 grosse pincée de sel
1 grosse pincée de poivre

Mélangez délicatement les lentilles, l'oignon, le poivron, l'avocat et le concombre. Préparez la sauce : versez tous les ingrédients dans un mélangeur rapide et secouez énergiquement.

Mélangez délicatement la salade et la sauce. Répartissez la préparation sur un lit de pousses de petits pois ou de salade mêlée, puis parsemez-la de fromage de chèvre émietté.

Voir variantes p. 81

Salade méditerranéenne à l'halloumi

Pour 4 personnes

Cette salade, originaire de Chypre – tout comme l'halloumi, un fromage au lait de brebis et de chèvre –, est idéale pour les pique-niques. Préparez-la à l'avance, puis faites griller l'halloumi au dernier moment, au barbecue par exemple. Servez-la avec du pain pita.

4 c. à s. d'huile d'olive + 1 filet pour servir
1 oignon rouge de taille moyenne,
   coupé en rondelles
2 gousses d'ail, pressées
2 piments rouges, épépinés et émincés
1 pincée de sucre
3 c. à s. de vinaigre de vin blanc
800 g (27 oz) de pois chiches en conserve
Sel et poivre noir

350 g (11,5 oz) de tomates, coupées
   en morceaux
4 grosses tomates séchées à l'huile,
   égouttées et émincées
8 c. à s. de persil frais, ciselé
4 c. à s. de menthe fraîche, ciselée
4 oignons nouveaux, émincés
225 g (7,5 oz) d'halloumi, coupé en lamelles
   (dans les épiceries orientales)

Faites chauffer l'huile d'olive dans une sauteuse. Faites-y revenir l'oignon, l'ail, les piments et le sucre pendant 5 min à feu moyen, jusqu'à ce que l'oignon soit tendre, puis incorporez le vinaigre. Laissez cuire 3 min – le vinaigre doit réduire de moitié. Dans un saladier, mélangez le contenu de la sauteuse avec les pois chiches. Salez et poivrez généreusement. Ajoutez les tomates, les tomates séchées, le persil, la menthe et les oignons nouveaux. Arrosez d'un filet d'huile d'olive. Faites griller les tranches d'halloumi sous le gril chaud ou au barbecue, environ 2 min sur chaque face, jusqu'à ce qu'elles soient bien dorées. Répartissez-les sur la salade et servez.

Voir variantes p. 82

Salade de pommes de terre à la saucisse comme en Allemagne

Pour 6 à 8 personnes

Cette version de la salade de pommes de terre allemande sera préparée avec une vinaigrette à la moutarde plutôt qu'avec de la mayonnaise, pour un résultat plus léger. Il est primordial de verser la sauce sur les pommes de terre encore chaudes, car elles l'absorbent en refroidissant.

900 g (2 lb) de pommes de terre nouvelles, lavées et coupées en 2
1 pincée de sel
225 g (7,5 oz) de grosse saucisse allemande (ou de saucisse de Montbéliard), coupée en épaisses rondelles
1 c. à s. d'huile de tournesol
6 c. à s. de ciboulette fraîche, finement ciselée, ou d'oignons nouveaux, émincés

4 c. à s. de persil plat, ciselé
2 c. à s. d'estragon ou d'aneth, finement ciselé

Pour la vinaigrette
6 c. à s. d'huile d'olive
2 c. à s. de vinaigre de vin blanc
2 c. à t. de moutarde à l'ancienne
1 gousse d'ail, pressée
Sel et poivre

Mettez les pommes de terre dans une grande casserole. Salez et couvrez d'eau. Portez à ébullition, puis baissez le feu et laissez mijoter 15 min environ, jusqu'à ce que les pommes de terre soient tendres. Égouttez-les et laissez-les refroidir.
Faites griller les saucisses dans une sauteuse, dans l'huile de tournesol. Égouttez-les sur du papier absorbant. Pendant la cuisson des pommes de terre et des saucisses, préparez la vinaigrette : versez l'huile d'olive, le vinaigre, la moutarde et l'ail dans un mélangeur rapide et secouez énergiquement. Salez, poivrez.

Découpez les pommes de terre tièdes en rondelles de 1 cm (⅜ po) d'épaisseur et déposez-les dans un saladier avec les rondelles de saucisses. (Si vous n'aimez pas la peau des pommes de terre, épluchez-les avant de les couper.) Ajoutez la ciboulette (ou les oignons nouveaux), le persil et l'estragon (ou l'aneth). Versez la vinaigrette et mélangez délicatement. Servez à température ambiante.

Voir variantes p. 83

Variantes

Salade de quinoa festive

Recette de base p. 63

Salade de riz festive
Suivez la recette de base, en remplaçant le quinoa cuit et les oignons nouveaux par 600 g (3 tasses) de riz cuit et 1 oignon rouge finement émincé.

Taboulé festif
Suivez la recette de base, en remplaçant le quinoa cuit par 500 g (3 tasses) de couscous cuit.

Salade de quinoa aux agrumes et au fenouil
Suivez la recette de base, en remplaçant la grenade, la menthe et le céleri par la chair émincée de ½ pamplemousse rose et de 1 orange. Ajoutez 1 petit bulbe de fenouil finement émincé.

Salade de quinoa estivale
Suivez la recette de base, en supprimant les amandes et la grenade. Émincez la chair de 1 avocat et mélangez-la avec le jus de citron vert puis ajoutez le quinoa froid, ½ poivron rouge émincé, 8 tomates cerises coupées en 2, 75 g (2,5 oz) d'olives noires et ¼ de concombre coupé en petits morceaux. Remplacez la menthe par de la coriandre (facultatif).

Salade de poulet au curry

Recette de base p. 65

Wrap de poulet au curry
Suivez la recette de base, puis étalez environ 4 c. à s. de poulet au curry
sur 1 wrap. Parsemez de 1 c. à t. de coriandre ciselée, ajoutez quelques
feuilles de roquette et parsemez d'amandes.

Salade de poulet au piment
Suivez la recette de base, en remplaçant le curry en poudre et la sauce
Worcestershire par 1 ou 2 c. à t. de piments jalapeños finement émincés
et 2 ou 3 c. à s. de purée de piment d'Espelette.

Salade de saumon au curry
Suivez la recette de base, en remplaçant le poulet par 4 filets de saumon
cuits (soit environ 500 g – 1,1 lb) sans la peau, coupés en morceaux, et les
abricots secs par de la mangue fraîche ou séchée.

Variantes

Salade tiède de canard aux cinq-épices et à la mangue

Recette de base p. 66

Salade tiède de poulet à la mangue
Suivez la recette de base, en remplaçant le canard par des blancs de poulet. Faites-les griller 8 à 10 min sur chaque face, en veillant à ce qu'ils soient cuits à cœur.

Salade de porc à la mangue
Suivez la recette de base, en remplaçant le canard par 350 g (11,5 oz) de porc mariné dans une sauce barbecue, cuit au barbecue puis émincé. Servez froid.

Salade tiède de canard à la vinaigrette épicée aux prunes
Suivez la recette de base, en utilisant une vinaigrette préparée avec 1 c. à s. d'huile de tournesol, 2 c. à s. de confiture de prunes, 2 c. à s. de sauce pimentée thaïe et 1 c. à s. d'eau.

Salade tiède de canard aux asperges et aux pêches
Suivez la recette de base, en remplaçant la mangue, les pois gourmands, les haricots verts et les mini-épis de maïs par 350 g (11,5 oz) d'asperges cuites et 2 pêches mûres coupées en lamelles.

Variantes

Salade de pousses d'épinards au gorgonzola et aux noix de pécan

Recette de base p. 69

Salade de pousses d'épinards à la feta et aux pignons de pin
Suivez la recette de base, en remplaçant les noix de pécan et le gorgonzola par des pignons de pin et de la feta.

Salade de pousses d'épinards au fromage de chèvre et aux noix
Suivez la recette de base, en remplaçant les noix de pécan et le gorgonzola par des noix et du fromage de chèvre.

Salade tiède de pousses d'épinards au lard et aux noix de pécan
Suivez la recette de base. Faites frire 6 fines tranches de lard maigre jusqu'à ce qu'elles soient croustillantes. Retirez-les de la poêle en y laissant la graisse de cuisson et égouttez-les sur du papier absorbant. Lorsqu'elles sont froides, coupez-les en morceaux. Versez les ingrédients de la vinaigrette dans la poêle, en réduisant la quantité d'huile d'olive à 2 c. à s. Faites chauffer la sauce sans porter à ébullition et versez sur la salade préparée avec le lard.

Salade de pousses d'épinards au gorgonzola et à la pomme
Suivez la recette de base, en supprimant les noix de pécan. Évidez une pomme bien croquante – une granny-smith, par exemple –, et coupez-la en lamelles. Arrosez-la de jus de citron. Incorporez-la à la salade et mélangez.

Variantes

Salade de haricots verts au jambon et aux œufs de caille

Recette de base p. 70

Salade de haricots verts au jambon et aux œufs
Suivez la recette de base, en remplaçant les 12 œufs de caille
par 6 œufs de poule durs.

Salade de haricots verts aux tomates séchées et aux œufs de caille
Suivez la recette de base, en remplaçant le jambon par 140 g (4,5 oz) de
tomates séchées à l'huile, égouttées et grossièrement émincées. Parsemez
de quelques olives noires coupées en rondelles.

Salade de haricots verts au thon et aux œufs
Suivez la recette de base, en remplaçant le jambon par 200 g (6,5 oz) de
thon au naturel, égoutté et émietté.

Salade de haricots verts au fromage de chèvre et aux œufs
Suivez la recette de base, en remplaçant le jambon par 50 g (1,5 oz) de
fromage de chèvre émietté. Parsemez de 1 c. à s. de pignons de pin grillés.

Variantes

Salade de lentilles au fromage de chèvre

Recette de base p. 72

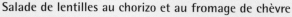

Salade de lentilles au chorizo et au fromage de chèvre

Suivez la recette de base, en supprimant l'avocat et le concombre. Faites griller
75 g (2,5 oz) de rondelles de chorizo pendant 3 min dans une sauteuse à feu
doux, puis ajoutez l'oignon, le poivron rouge et 1 poivron vert émincé. Laissez
cuire 5 min, jusqu'à ce que les légumes soient tendres. Égouttez-les sur du papier
absorbant pour éliminer l'excédent de graisse puis mélangez-les avec les lentilles.

Salade de lentilles à la viande fumée et au fromage de chèvre

Suivez la recette de base, en ajoutant 350 g (11,5 oz) de jambon fumé et/ou de
poulet fumé.

Salade de lentilles à la mozzarella

Suivez la recette de base, en remplaçant le fromage de chèvre par 125 g (4 oz)
de mozzarella (de préférence au lait de bufflonne), et le thym de la vinaigrette
par de la marjolaine ou du basilic.

Salade de lentilles aux légumes grillés et au fromage de chèvre

Suivez la recette de base, en remplaçant l'oignon, le poivron, le concombre
et l'avocat par 300 g (10 oz) de légumes grillés en bocal (poivrons rouges,
champignons et artichauts, par exemple). Pour la vinaigrette, n'incorporez que
1 à 2 c. à s. de vinaigre balsamique – les légumes grillés sont déjà suffisamment
assaisonnés.

Salade méditerranéenne à l'halloumi

Recette de base p. 73

Salade à l'halloumi, vinaigrette au citron vert et aux câpres

Suivez la recette de base, en préparant la vinaigrette avec le jus et le zeste de 1 citron vert, 2 c. à s. d'huile d'olive, 1 gousse d'ail pressée, 1 c. à s. de vinaigre de vin blanc, 1 c. à s. de câpres, 1 c. à t. de moutarde de Dijon, 1 c. à s. de coriandre fraîche ciselée, du sel et du poivre noir.

Salade de lentilles à l'halloumi

Suivez la recette de base, en remplaçant les pois chiches par 800 g (4 tasses) de lentilles vertes en bocal.

Salade à l'halloumi

Suivez la recette de base, en supprimant l'oignon cuit et en ajoutant 1 petit oignon rouge coupé en fines rondelles. Préparez une vinaigrette en mélangeant l'huile d'olive avec 2 c. à s. de vinaigre de vin blanc seulement, le sucre, l'ail pressé et le piment émincé.

Salade à l'halloumi parfumé au paprika fumé

Suivez la recette de base. Mélangez 3 c. à s. de farine, ½ c. à t. de paprika fumé, 1 pincée de sel et de poivre noir dans une assiette. Faites chauffer 2 c. à s. d'huile d'olive dans une sauteuse. Roulez l'halloumi dans le mélange à base de farine, secouez-le pour en éliminer l'excédent et faites-le frire 2 min sur chaque face, à feu moyen.

Variantes

Salade de pommes de terre à la saucisse comme en Allemagne

Recette de base p. 74

Salade crémeuse de pommes de terre aux herbes
Suivez la recette de base. Préparez la vinaigrette en mélangeant 12,5 cl (½ tasse) de mayonnaise et 12,5 cl (½ tasse) de crème 35 % dans un bol, puis incorporez la moutarde, le sel et le poivre noir.

Salade de pommes de terre à la saucisse, aux œufs et aux cornichons
Suivez la recette de base, en ajoutant 1 ou 2 cornichons coupés en petits morceaux et 1 c. à s. de liquide du bocal des cornichons. Faites durcir 4 œufs, coupez-les en 4 et répartissez-les sur la salade.

Salade de pommes de terre au crabe
Suivez la recette de base, en remplaçant la saucisse par 170 g (6 oz) de chair de crabe en conserve.

Salade de pommes de terre et saucisses au citron et à la moutarde
Suivez la recette de base. Préparez la vinaigrette en remplaçant le vinaigre de vin par 3 c. à s. de jus de citron et en ajoutant le zeste de 1 citron.

Salade de pommes de terre à la saucisse et à la choucroute
Suivez la recette de base, en ajoutant 225 g (7,5 oz) de choucroute dans la salade.

Sandwichs

Rien de plus facile à préparer qu'un sandwich,
que ce soit pour un pique-nique ou un repas
sur le pouce. Soyez toujours attentif à la qualité
et à la fraîcheur du pain, et n'hésitez pas
à adapter les recettes qui suivent. Laissez
parler votre créativité !

Sandwichs chauds au bœuf

Pour 4 personnes

Une recette vraiment gourmande pour le déjeuner.

225 g (7,5 oz) de bifteck d'aloyau, de 6 mm
   (¼ po) d'épaisseur environ
1 c. à s. d'huile d'olive
1 gousse d'ail, pressée
1 ½ c. à s. de sauce soya
Poivre noir
½ oignon rouge de taille moyenne,
   coupé en rondelles

50 g (1,5 oz) de champignons, coupés
   en lamelles
2 c. à s. de vin rouge ou d'eau
1 c. à t. de moutarde de Dijon
4 petits pains ronds croustillants
   ou 4 minibaguettes

Coupez les biftecks en 2 puis en lamelles de 2,5 cm (1 po), dans le sens contraire des fibres.

Faites chauffer l'huile d'olive dans une sauteuse. Ajoutez la viande et l'ail. Laissez-les cuire environ 2 min, jusqu'à ce que la viande soit dorée. Transférez-la dans un plat avec la sauce soya et du poivre noir. Mélangez et réservez au chaud.

Dans la même sauteuse, faites revenir l'oignon 4 min environ, jusqu'à ce qu'il soit tendre. Ajoutez les champignons et laissez-les cuire 3 min environ. Incorporez le vin ou l'eau, la moutarde et la viande marinée. Portez à ébullition, laissez chauffer, puis répartissez la préparation dans les pains ronds.

Voir variantes p. 96

Wraps de poulet et salade

Pour 4 personnes

Ces wraps diététiques sont très savoureux et parfumés. Avec un sachet de légumes prêts à cuisiner, vous réduirez le temps de préparation. Si vous voulez gagner du temps, utilisez du gingembre en poudre et de l'ail émincé prêt à l'emploi.

1 c. à s. d'huile de tournesol ou d'arachide
500 g (1,1 lb) de viande de poulet ou de dinde hachée
1 c. à t. d'ail, pressé
1 c. à t. de gingembre frais, râpé
1 sachet de légumes prêts à sauter
6 c. à s. de sauce teriyaki

2 c. à s. de beurre d'arachides
8 à 12 grandes feuilles de laitue iceberg
2 oignons nouveaux coupés en fines rondelles
4 c. à s. de coriandre fraîche, ciselée
4 tortillas
Sauce hoisin, pour tremper les wraps

Faites chauffer l'huile dans un wok ou dans une grande sauteuse. Ajoutez la volaille hachée, l'ail, le gingembre et laissez cuire 5 min environ, jusqu'à ce que la viande soit bien cuite.

Incorporez les légumes et faites-les sauter 3 min environ – ou suivez les instructions figurant sur l'emballage. Versez la sauce teriyaki et le beurre d'arachides, puis poursuivez la cuisson 2 min.

Transférez la préparation dans un plat et apportez-le avec la salade, les oignons nouveaux et la coriandre. Laissez chaque convive confectionner son propre wrap. Présentez la sauce hoisin dans un petit ramequin.

Voir variantes p. 97

Sandwichs aux champignons grillés et au fromage de chèvre

Pour 4 personnes

Les gros champignons charnus constituent une excellente base pour confectionner des sandwichs végétariens aussi bons froids que chauds.

500 g (1,1 lb) de gros champignons, lavés et
    coupés en lamelles de 5 mm (3/16 po)
    d'épaisseur
1 c. à t. de thym séché
2 c. à s. d'huile d'olive
4 ciabattas ou 4 pains ronds à hamburger,
    coupés en 2 dans la largeur

1 c. à s. de jus de citron
50 g (1,5 oz) de fromage de chèvre frais,
    émietté
Sel et poivre
½ petit oignon rouge, coupé en fines rondelles
Salade mêlée ou roquette

Préchauffez le four à 375 °F (190 °C). Mélangez les champignons, le thym et l'huile.

Étalez les champignons sur une plaque et enfournez pour 10 min. Mélangez puis poursuivez la cuisson encore 5 à 10 min, jusqu'à ce que les champignons soient tendres. Quelques minutes avant la fin de la cuisson, déposez les pains sur une autre plaque, côté mie sur le dessus, et faites-les griller.

Arrosez les champignons de jus de citron, recouvrez-les de fromage de chèvre émietté et faites fondre le fromage au four. Déposez-les sur les pains chauds, salez et poivrez généreusement puis garnissez d'oignon rouge et de salade.

Voir variantes p. 98

Pizzas-tortillas au poulet

Pour 4 personnes

En dépit de son nom, qui laisse augurer une préparation complexe, cette recette
est d'une simplicité enfantine.

4 tortillas de maïs
1 c. à t. d'huile d'olive
150 g (5 oz) de poulet cuit, effiloché
2 c. à s. de sauce barbecue
1 grosse tomate, coupée en dés

1 petit oignon rouge, coupé en fines rondelles
8 olives noires
Sel et poivre noir
125 g (4 oz) de mozzarella, coupée en dés
2 c. à s. de parmesan

Préchauffez le four à 400 °F (200 °C). Faites revenir les tortillas quelques minutes dans l'huile
d'olive, jusqu'à ce qu'elles soient fermes – ne les laissez pas cuire trop longtemps.

Étalez les tortillas sur une plaque à pâtisserie. Mélangez le poulet avec la sauce barbecue
et répartissez la préparation sur les tortillas. Recouvrez du reste des ingrédients. Enfournez
pour 5 à 10 min, jusqu'à ce que le fromage soit fondu, en veillant à ce que le bord des
tortillas ne grille pas trop. Parsemez les pizzas-tortillas de parmesan.

Voir variantes p. 99

Sandwichs caprese grillés

Pour 2 personnes

Ce sandwich s'inspire de l'*insalata caprese,* une salade italienne colorée composée de mozzarella, de tomates bien mûres et de basilic frais.

1 c. à s. de beurre	½ avocat, coupé en lamelles
4 tranches épaisses de pain	1 c. à t. de jus de citron
125 g (4 oz) de mozzarella, coupée en rondelles	Sel et poivre noir
1 grosse tomate, coupée en rondelles	Vinaigre balsamique
Quelques feuilles de basilic entières	

Beurrez le pain. Déposez les rondelles de mozzarella sur le côté non beurré de 2 tranches de pain. Recouvrez de rondelles de tomate et de feuilles de basilic.

Arrosez les lamelles d'avocat de jus de citron, afin d'éviter qu'elles noircissent, et répartissez-les sur les tomates. Salez, poivrez, puis arrosez d'un peu de vinaigre balsamique. Recouvrez avec les tranches de pain, côté beurré sur le dessus.

Faites griller les sandwichs dans une poêle chaude, en les pressant bien à l'aide d'une spatule, jusqu'à ce que le pain soit doré sur les deux faces – le fromage doit fondre. Vous pouvez également faire griller les sandwichs dans un appareil à croque-monsieur. Découpez chaque sandwich en 2 et dégustez immédiatement.

Voir variantes p. 100

Pitas du soleil

Pour 4 personnes

Ces sandwichs originaux sont parfaits pour un brunch dominical.

1 c. à s. de beurre	75 g (2,5 oz) de fromage frais
2 œufs, légèrement battus	1 grosse tomate, coupée en fines rondelles
Sel et poivre noir	2 oignons nouveaux, coupés en rondelles
4 pains pitas	50 g (1,5 oz) de luzerne germée

Faites fondre le beurre dans une sauteuse. Versez-y les œufs battus. Salez-les, poivrez-les et laissez-les cuire sur feu moyen, jusqu'à ce qu'ils aient pris. Retirez la sauteuse du feu.

Pendant ce temps, ouvrez délicatement les pains pitas en 2 dans le sens de la largeur. Tartinez l'intérieur de fromage frais, puis garnissez-les de rondelles de tomate et d'oignons nouveaux.

Coupez les œufs brouillés en lanières et glissez-les dans les pitas. Ajoutez la luzerne germée.

Voir variantes p. 101

Sandwichs au fromage pimenté

Pour 4 personnes

Ce sandwich américain classique est originaire du sud-est du pays. La garniture se conservant plusieurs jours au réfrigérateur, vous pouvez en préparer une grande quantité. Vous confectionnerez ainsi de délicieux sandwichs sans passer des heures en cuisine.

125 g (4 oz) de piments en bocal, égouttés
225 g (7,5 oz) de cheddar, râpé
2 c. à s. de mayonnaise
2 c. à s. de yogourt à la grecque
½ c. à t. de piment rouge en poudre
½ c. à t. de sauce Worcestershire

1 c. à s. de sauce au raifort (facultatif)
1 pincée de poivre de Cayenne
1 c. à t. de jus de citron
Sel et poivre
8 tranches de pain de mie blanc

Essuyez les piments avec du papier absorbant puis hachez-les finement. Mélangez-les avec tous les ingrédients, à l'exception du pain (ajustez la quantité d'épices selon votre goût).

Confectionnez les sandwichs avec les tranches de pain et la garniture au fromage pimentée.

Voir variantes p. 102

Sandwichs à la truite fumée et à la betterave

Pour 4 personnes

Ces sandwichs raffinés sont idéals pour un déjeuner léger ou un pique-nique. Si vous n'avez pas de truite fumée, utilisez du saumon fumé.

125 g (4 oz) de fromage frais
2 c. à s. de crème 35%
1 c. à t. de sauce au raifort
6 betteraves de taille moyenne, coupées en bâtonnets

8 à 12 tranches de pain de mie complet, écroûtées
125 g (4 oz) de truite fumée, sans peau ni arêtes
2 c. à s. d'aneth ou de ciboulette, ciselé(e)

Dans un saladier, mélangez le fromage frais, la crème 35%, le raifort et les bâtonnets de betterave.

Étalez la moitié des tranches de pain sur une planche à découper et recouvrez-les de truite fumée. Tartinez-les de préparation à la betterave, parsemez d'aneth ou de ciboulette et terminez par une tranche de pain. Découpez les sandwichs en triangles et servez immédiatement.

Voir variantes p. 103

Variantes

Sandwichs chauds au bœuf

Recette de base p. 85

Sandwichs grecs au bœuf
Suivez la recette de base, en supprimant les champignons, le vin rouge,
la moutarde et les pains ronds. Préparez un tzatziki avec 25 cl (1 tasse) de yogourt
à la grecque, 4 c. à s. de concombre finement émincé et 1 c. à s. d'aneth frais
ciselé. Salez, poivrez. Servez le bœuf chaud et le tzatziki dans des pains pitas.

Sandwichs au bœuf et au bleu
Suivez la recette de base, en supprimant les champignons, le vin rouge
et la moutarde. Écrasez 50 g (1,5 oz) de bleu ou de roquefort dans un bol.
Incorporez 12,5 cl (½ tasse) de crème 35 % et 2 c. à s. de mayonnaise. Étalez
cette préparation sur les petits pains ronds avant d'ajouter la viande et des
rondelles de tomate (facultatif).

Sandwichs au bœuf et au piment peppadew
Suivez la variante au bleu ci-dessus, en ajoutant 2 ou 3 piments doux
coupés en lamelles dans chaque sandwich.

Sandwichs au bœuf et au wasabi
Suivez la recette de base, en supprimant les champignons, le vin rouge et la
moutarde de Dijon. Ajoutez 2 c. à s. de moutarde à l'ancienne, 2 c. à t. de miel
et ½ à 1 c. à t. de pâte de wasabi dans le mélange de bœuf cuit et d'oignon.

Wraps de poulet et salade

Recette de base p. 86

Wraps de porc et salade

Suivez la recette de base, en remplaçant le poulet par 500 g (1,1 lb) de viande de porc hachée. Jetez l'excédent de graisse de cuisson avant d'ajouter les légumes.

Wraps de crudités à l'asiatique

Suivez la recette de base, en utilisant seulement 2 c. à s. de sauce teriyaki. Accompagnez d'un assortiment de crudités (carottes râpées, lamelles de champignon, lamelles de poivron rouge, germes de soya, chou chinois émincé, mini-épis de maïs).

Wraps de crevettes à l'asiatique

Suivez la recette de base, en remplaçant le poulet par 500 g (1,1 lb) de petites crevettes décortiquées.

Wraps-tortillas à l'asiatique

Suivez la recette de base. Déposez 1 grosse feuille de laitue iceberg sur chacune des 4 tortillas. Recouvrez avec les légumes sautés, puis ajoutez une autre feuille de salade. Roulez les tortillas aussi serré que possible et coupez-les en 2 en diagonale au moment de servir.

Variantes

Sandwichs aux champignons grillés et au fromage de chèvre

Recette de base p. 87

Fondants de champignon
Suivez la recette de base, en supprimant le fromage de chèvre. Ne découpez pas les champignons en lamelles mais huilez-les, parsemez-les de thym, découpez-les en 2 sur les trois quarts de leur longueur et glissez dans cet interstice une lamelle de mozzarella ou de taleggio.

Sandwichs aux champignons et au bleu
Suivez la recette de base, en remplaçant le fromage de chèvre par du bleu ou du roquefort émietté, ou encore par du gorgonzola, à la saveur moins prononcée.

Sandwichs aux champignons et à l'avocat
Suivez la recette de base, en ajoutant 1 avocat coupé en lamelles et arrosé de jus de citron par-dessus le fromage.

Sandwichs aux champignons, à la pomme et au vinaigre balsamique
Suivez la recette de base, en remplaçant le jus de citron par du vinaigre balsamique, et le chèvre par du cheddar. Recouvrez les sandwichs de 2 lamelles de pomme (arrosées de jus de citron, pour éviter qu'elles noircissent).

Variantes

Pizzas-tortillas au poulet

Recette de base p. 88

Pizzas-tortillas aux œufs
Suivez la recette de base, en supprimant le poulet. Étalez 1 c. à t. de pesto sur chaque tortilla, recouvrez du reste des ingrédients. Cassez 1 œuf au centre des pizzas-tortillas, puis enfournez jusqu'à ce que les œufs soient cuits.

Pizzas-tortillas aux épinards
Suivez la recette de base, en supprimant le poulet. Étalez 1 c. à t. de pesto sur chaque tortilla et recouvrez du reste des ingrédients. Ajoutez 300 g (10 oz) d'épinards surgelés, décongelés et soigneusement pressés pour éliminer l'excédent d'eau.

Pizzas-tortillas épicées à la mexicaine
Suivez la recette de base, en remplaçant la sauce barbecue par 1 c. à t. d'épices pour guacamole. Recouvrez du reste des ingrédients, puis ajoutez 4 c. à s. de maïs en grains, 4 c. à s. de haricots rouges et 1 piment jalapeño émincé. Parsemez de coriandre fraîche ciselée et versez 1 c. à s. de crème 35 % sur chaque pizza-tortilla.

Pizzas-pains plats
Suivez la recette de base – ou n'importe laquelle des variantes ci-dessus – en remplaçant les tortillas par des pains plats orientaux.

Sandwichs caprese grillés

Recette de base p. 91

Sandwichs grillés au camembert et aux canneberges
Suivez la recette de base, en supprimant la tomate, le basilic et l'avocat
et en remplaçant la mozzarella par du camembert. Ajoutez 1 c. à s. de sauce
aux canneberges ou de gelée de groseille sur le fromage.

Sandwichs grillés au jambon et au fromage à l'italienne
Suivez la recette de base, en supprimant l'avocat et le basilic et en
remplaçant la mozzarella par du taleggio. Ajoutez 1 tranche de jambon
de Parme sur le fromage, puis recouvrez de tomate.

Sandwichs grillés au cheddar et au chutney
Suivez la recette de base, en supprimant l'avocat et le basilic et en
remplaçant la mozzarella par du cheddar. Ajoutez 1 c. à s. de chutney
de pomme sur le fromage, puis recouvrez de tomate (facultatif).

Sandwichs au gruyère trempés dans l'œuf
Suivez la recette de base, sans beurrer l'extérieur du pain. Supprimez l'avocat
et le basilic et remplacez la mozzarella par du gruyère. Battez légèrement
1 œuf avec 1 c. à s. de lait dans un saladier. Trempez les sandwichs, puis
faites-les griller à la poêle.

Variantes

Pitas du soleil

Recette de base p. 92

Sandwichs du soleil à l'italienne
Suivez la recette de base, en remplaçant le fromage frais et la luzerne
par de la ricotta et de la roquette.

Sandwichs du soleil au fromage de chèvre
Suivez la recette de base, en remplaçant le fromage frais par du fromage
de chèvre frais.

Sandwichs du soleil au poivron grillé et au piment jalapeño
Suivez la recette de base, en remplaçant la tomate par 2 poivrons marinés
en bocal et en ajoutant 1 piment jalapeño épépiné et finement émincé.

Sandwichs du soleil pour le petit déjeuner
Suivez la recette de base, en supprimant le beurre. Faites frire 4 tranches
de bacon à la poêle. Salez l'œuf et faites-le cuire dans la graisse du bacon,
avant de suivre les instructions de la recette. Coupez le bacon frit
en morceaux et garnissez les pitas de bacon et d'œuf.

Variantes

Sandwichs au fromage pimenté

Recette de base p. 94

Cheeseburgers au fromage pimenté
Suivez la recette de base, en supprimant le pain. Salez et poivrez 4 steaks
hachés, puis faites-les cuire. Étalez 2 c. à s. de garniture au fromage
pimentée sur chaque steak, et enfournez-les jusqu'à ce que le fromage
ait fondu. Déposez-les sur des pains à hamburgers, avec de la laitue.

Sandwichs de dinde au fromage pimenté
Suivez la recette de base, en ajoutant des tranches de dinde.

Trempette chaude au fromage pimenté
Suivez la recette de base, en supprimant le pain. Faites chauffer la garniture
au fromage pimentée au micro-ondes, jusqu'à ce qu'elle ait fondu. Servez
cette trempette en apéritif, avec des bâtonnets de céleri, de carotte et de
concombre, et des gressins.

Pommes de terre farcies au fromage pimenté
Suivez la recette de base, en supprimant le pain. Évidez 8 pommes de terre
cuites en laissant 6 mm (¼ po) de chair sous la peau. Badigeonnez la surface
d'huile d'olive. Faites-les cuire au four préchauffé à 400 °F (200 °C) pendant
7 min. Retournez-les puis poursuivez la cuisson pendant encore 5 min.
Garnissez-les de garniture au fromage pimentée et enfournez-les pour
5 min.

Sandwichs à la truite fumée et à la betterave

Recette de base p. 95

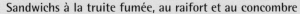

Sandwichs à la truite fumée, au raifort et au concombre
Suivez la recette de base, en supprimant la betterave et en remplaçant le pain complet par du pain de seigle. Recouvrez le mélange au fromage frais de fines rondelles de concombre épluché.

Sandwichs au saumon fumé et au cresson
Suivez la recette de base, en remplaçant la truite par du saumon fumé et en supprimant la betterave et le raifort. Ajoutez 4 c. à s. de cresson ciselé et 1 c. à t. de jus de citron dans le mélange au fromage frais.

Sandwichs à la truite fumée comme au Danemark
Suivez la recette de base, en supprimant le beurre et en remplaçant le pain complet par du pain aux céréales. Tartinez-le de mélange à la betterave et garnissez-le de truite fumée et d'un peu d'aneth ciselé.

Sandwichs à l'œuf et à la truite fumée
Suivez la recette de base, en remplaçant la betterave et le raifort par ½ carotte râpée, 2 c. à s. de céleri, 2 c. à s. d'oignons nouveaux finement émincés, 2 c. à s. de câpres hachées et ½ c. à t. de zeste de citron. Faites durcir 2 œufs et coupez-les en rondelles. Tartinez le pain du mélange aux crudités, ajoutez la truite, quelques rondelles d'œufs puis parsemez de ciboulette.

Volailles

Outre leurs qualités diététiques, les volailles

sont les meilleures alliées des cuisiniers pressés !

Découpés en lamelles, le poulet, la dinde

et le canard cuisent en quelques minutes

seulement, et il est même possible de faire griller

une cuisse de poulet en 20 minutes environ.

Poulet grillé au citron et au thym

Pour 4 personnes

Tout le monde – ou presque – aime le poulet grillé. La recette ci-dessous pourra être réalisée au barbecue ou sous le gril du four. Dans les deux cas, pendant la cuisson, il faudra arroser le poulet avec une huile bien parfumée ou du beurre. Ce plat peut être en partie préparé à l'avance ; le poulet et la marinade se conservent jusqu'à 24 heures au réfrigérateur, dans un sac plastique.

4 blancs de poulet, avec la peau

Pour la marinade
3 c. à s. d'huile d'olive
1 ½ c. à s. de jus de citron
Le zeste de ½ citron

1 gousse d'ail, pressée,
    ou 1 c. à t. d'ail semoule
1 c. à s. de thym frais, ciselé,
    ou 1 c. à t. de thym séché
Sel et poivre noir

Préparez la marinade : dans un saladier, mélangez l'huile d'olive, le jus et le zeste de citron, l'ail, le thym et 1 pincée de sel et de poivre. Ajoutez le poulet et mélangez pour bien l'enrober de la préparation.

Faites cuire le poulet au barbecue ou sous le gril, à environ 10 cm (4 po) de la source de chaleur, pendant 12 à 15 min environ ; retournez-le à mi-cuisson, et arrosez-le fréquemment avec la marinade restante. Le poulet est cuit lorsqu'il est ferme au toucher et que le jus qui s'en écoule est clair.

Voir variantes p. 120

Chow mein au poulet

Pour 4 personnes

Vous pouvez choisir d'autres légumes pour réaliser cette recette très simple, par exemple des pois gourmands, des pousses de bambou, des courgettes, des haricots verts extrafins, ou encore des carottes détaillées en fines rondelles et préalablement blanchies pendant 1 min.

300 g (10 oz) de nouilles aux œufs moyennes
Huile de sésame
500 g (1,1 lb) de cuisse de poulet, sans la peau, coupée en lamelles
2 c. à s. de fécule de maïs
6 c. à s. de sauce soya
2 c. à t. de mélange «cinq-épices» chinois
2 c. à t. de sauce pimentée

2 à 4 c. à s. d'huile de tournesol
1 poivron rouge, coupé en fines lamelles
1 poivron vert, coupé en fines lamelles
125 g (4 oz) de chou blanc, râpé
225 g (7,5 oz) de germes de soya
4 oignons nouveaux, coupés en lamelles, en diagonale
Poivre noir du moulin

Faites cuire les nouilles à l'eau bouillante, en suivant les instructions figurant sur l'emballage. Égouttez-les et mélangez-les avec un peu d'huile de sésame, pour éviter qu'elles collent. Réservez-les au chaud. Pendant ce temps, roulez le poulet dans la fécule puis mettez-le dans un bol avec 2 c. à s. de sauce soya, le mélange «cinq-épices» et la sauce pimentée.

Faites chauffer l'huile dans un wok ou dans une grande sauteuse. Quand elle est chaude, faites-y sauter le poulet pendant 3 à 5 min, jusqu'à ce qu'il soit bien doré et cuit à cœur. Transférez-le sur une assiette et réservez-le au chaud. Faites sauter les poivrons 1 min dans le wok chaud, puis incorporez le chou et poursuivez la cuisson 1 min. Ajoutez les germes

de soya et les oignons nouveaux. Au bout de 1 min, remettez le poulet dans le wok avec les nouilles. Poivrez généreusement, versez 1 trait d'huile de sésame et suffisamment de sauce soya pour bien parfumer les légumes et les nouilles. Servez immédiatement.

Voir variantes p. 121

Poulet à la mandarine et au piment jalapeño

Pour 4 personnes

Cette recette à la saveur raffinée – tout indiquée lorsqu'il vous reste quelques mandarines oubliées dans votre corbeille à fruits – ne requiert que quelques ingrédients : elle ne pourrait être plus simple. Accompagnez-la de riz nature ou de haricots noirs.

1 c. à s. d'huile de tournesol
4 blancs de poulet, sans la peau, désossés
30 cl (1 ⅓ tasse) de jus de mandarine
   (soit 5 ou 6 mandarines)

2 ou 3 piments jalapeños en conserve
2 c. à s. de sauce pimentée
1 pincée de sel
Coriandre fraîche pour la décoration

Faites chauffer une sauteuse à fond épais (juste assez grande pour contenir les blancs de poulet) 2 min sur feu moyen. Ajoutez l'huile puis le poulet ; saisissez la viande pendant 1 min sur chaque face.

Incorporez le jus de mandarine, les piments, la sauce pimentée et le sel. Laissez mijoter 8 à 12 min sur feu moyen, en fonction de l'épaisseur de la viande. Retournez le poulet à mi-cuisson, en rajoutant un peu de liquide si nécessaire. Vérifiez qu'il est cuit à cœur en l'incisant avec un couteau bien aiguisé : la chair doit être totalement blanche. Arrosez-le de sauce, parsemez de coriandre et servez.

Voir variantes p. 122

Burgers de poulet au maïs, au cumin et au gingembre

Pour 4 à 6 personnes

Le maïs et les épices donnent une saveur originale à ces burgers de poulet.
Servez-les avec de la salade et des rondelles de concombre, de la sauce tomate
ou pimentée. Vous pouvez les congeler et les faire cuire dès leur sortie du congélateur
– multipliez les quantités par deux pour en avoir toujours en réserve.

500 g (1,1 lb) de poulet haché
100 g (1 tasse) de chapelure obtenue
   avec du pain rassis
1 œuf
225 g (7,5 oz) de maïs en grains
1 c. à s. de sauce soya

2 oignons nouveaux, finement émincés
2 c. à t. de cumin moulu
1 c. à t. de gingembre frais, finement émincé
1 gousse d'ail, pressée
1 pincée de piment en poudre
1 c. à s. d'huile

Mélangez tous les ingrédients, à l'exception de l'huile, dans un saladier. Façonnez 4 gros
burgers ou 6 burgers de taille moyenne avec vos mains.

Faites chauffer l'huile dans une sauteuse à fond épais. Faites-y revenir les burgers pendant
10 à 12 min sur feu moyen, en les retournant une fois, jusqu'à ce qu'ils soient cuits à cœur.

Voir variantes p. 123

Poulet à la moutarde

Pour 4 personnes

Cette recette va vite devenir un de vos classiques, que vous servirez à vos invités pour les impressionner ! Faire pocher le poulet dans du vermouth donne à la viande une texture moelleuse et une saveur intense. Remplacez éventuellement le vermouth par du vin blanc, un chardonnay par exemple, le résultat sera tout aussi délicieux. Accompagnez ce plat de pommes de terre nouvelles et de légumes verts (brocolis ou épinards).

4 blancs de poulet, sans la peau
22,5 cl (¾ tasse) de vermouth sec
4 c. à s. de crème 35 %

2 c. à s. de moutarde à l'ancienne
Sel et poivre

Disposez les blancs de poulet dans une casserole juste assez grande pour les contenir sans qu'ils se superposent. Versez le vermouth, en veillant à ce que la viande soit juste recouverte de liquide – vous aurez peut-être besoin d'un peu plus de vermouth si la casserole est trop grande. Portez à ébullition sur feu moyen, en écumant la mousse qui se forme à la surface. Réduisez le feu, couvrez et laissez mijoter 15 min, jusqu'à ce que les blancs de poulet soient cuits à cœur. Égouttez-les et réservez-les au chaud.

Augmentez le feu et faites bouillir le vermouth pendant quelques minutes, jusqu'à ce qu'il ait réduit de moitié et soit sirupeux. Ajoutez la crème et la moutarde. Salez, poivrez. Versez la sauce sur le poulet et servez immédiatement.

Voir variantes p. 124

Poulet à la puttanesca et semoule à l'orange

Pour 4 personnes

Cette savoureuse recette italienne permet de préparer un dîner rapide et sain que tous les membres de la famille apprécieront. Ne reculez pas devant la longue liste d'ingrédients, il suffit de les mélanger ! Ce poulet est ici proposé avec une semoule de couscous parfumée à l'orange, mais vous pouvez le servir avec des pâtes ou de la polenta grillée à la poêle.

Pour le poulet
1 c. à s. d'huile d'olive
4 blancs de poulet, désossés, sans la peau
Sel et poivre noir
30 cl (1 ⅓ tasse) de bouillon de volaille
1 boîte de 400 g (13,5 oz) de tomates pelées
8 oignons grelots en bocal
2 carottes, coupées en morceaux
150 g (5 oz) de petits pois surgelés
16 olives noires dénoyautées

1 c. à s. de câpres
½ c. à t. d'ail en poudre
1 c. à s. d'origan frais, ciselé
4 c. à s. de basilic, ciselé

Pour la semoule à l'orange
175 g (1 tasse) de semoule de couscous
Le zeste de ½ orange
1 c. à s. de jus d'orange

Faites chauffer l'huile dans une grande sauteuse. Salez et poivrez le poulet. Faites-le dorer 1 min sur chaque face dans l'huile chaude, sur feu moyen à vif. Ajoutez le reste des ingrédients, à l'exception du basilic. Portez à ébullition puis baissez le feu. Laissez mijoter 10 à 12 min, en remuant de temps en temps, jusqu'à ce que le poulet soit cuit à cœur.

Pendant ce temps, préparez la semoule. Portez 30 cl (1 ⅓ tasse) d'eau à ébullition dans une petite casserole. Retirez du feu et versez sur la semoule. Mélangez à l'aide d'une fourchette, couvrez et laissez gonfler 5 min. Aérez la semoule à l'aide d'une fourchette, puis incorporez le zeste et le jus d'orange.

Ajoutez le basilic dans la préparation au poulet. Servez cette dernière sur la semoule.

Voir variantes p. 125

Sauté de dinde aux poivrons

Pour 4 personnes

La cuisson rapide des poivrons au wok permet de préserver une grande partie de leur vitamine C. Si vous prévoyez de préparer cette recette pour le dîner, faites mariner la dinde dans la sauce soya et la sauce Worcestershire toute la journée au réfrigérateur. Accompagnez ce plat de riz nature.

500 g (1,1 lb) de blanc de dinde,
    coupé en lamelles
3 c. à s. de sauce soya
3 c. à s. de sauce Worcestershire
3 c. à s. d'huile

1 poivron vert de taille moyenne, épépiné
    et coupé en lamelles
1 poivron rouge de taille moyenne, épépiné
    et coupé en lamelles
125 g (4 oz) de champignons de Paris,
    coupés en lamelles

Dans un saladier, mélangez la viande, la sauce soya et la sauce Worcestershire. Laissez reposer 10 min. Égouttez la viande et réservez la marinade.

Faites chauffer l'huile dans un wok ou dans une grande sauteuse. Faites revenir la dinde 5 min environ sur feu moyen, jusqu'à ce qu'elle soit cuite à cœur. Réservez au chaud.

Faites sauter les lamelles de poivron 2 min dans le même wok. Ajoutez les champignons et poursuivez la cuisson jusqu'à ce qu'ils soient tendres.

Remettez la dinde dans le wok avec la marinade et réchauffez le tout pendant 1 ou 2 min.

Voir variantes p. 126

Poulet thaï au curry vert

Pour 4 personnes

Ce curry thaï parfumé et crémeux est vraiment exquis accompagné de riz au jasmin. Une fois qu'il est cuit, mettez le riz dans un petit bol rond et démoulez-le. Servez-le entouré de curry.

125 g (4 oz) de haricots verts
1 c. à s. d'huile de tournesol
125 g (4 oz) de pois gourmands
1 poivron rouge, épépiné et coupé en lamelles
1 gousse d'ail, pressée
4 blancs ou cuisses de poulet, sans la peau, désossés, coupés en morceaux

1 à 1 ½ c. à s. de pâte de curry vert thaïe
40 cl (1 ⅔ tasse) de lait de coco
2 c. à t. de nuoc-mâm
1 c. à t. de sucre
Le zeste de ½ citron vert
4 c. à s. de basilic thaï, effeuillé et émincé

Blanchissez les haricots verts 2 min dans une casserole. Faites chauffer l'huile de tournesol dans un wok ou dans une grande sauteuse. Faites-y cuire les pois gourmands pendant 2 min. Ajoutez les haricots verts égouttés, poursuivez la cuisson 1 min. Incorporez le poivron. Au bout de 2 min, retirez les légumes du wok et réservez-les au chaud.

Faites revenir le poulet dans le wok jusqu'à ce qu'il soit bien blanc. Ajoutez l'ail, la pâte de curry et poursuivez la cuisson 1 min 30. Versez le lait de coco, le nuoc-mâm, saupoudrez de sucre et de zeste de citron vert. Portez à ébullition et laissez mijoter 5 min, jusqu'à ce que le poulet soit cuit à cœur. Remettez les légumes dans le wok et réchauffez le tout. Retirez le zeste de citron vert, incorporez le basilic thaï et servez immédiatement.

Voir variantes p. 127

Poulet au pesto rouge crémeux

Pour 4 personnes

Si vous cuisinez cette délicieuse recette de poulet pour une grande tablée, vous pourrez la préparer à l'avance, sans incorporer la crème. Réchauffez la préparation pendant la cuisson des pâtes, du riz ou de la polenta, puis versez la crème au dernier moment.

1 c. à s. d'huile d'olive
1 petit oignon rouge, coupé en fines rondelles
3 blancs de poulet, coupés en cubes
6 c. à s. de pesto rouge à la tomate séchée
12,5 cl (½ tasse) de bouillon de volaille
   ou de vin blanc

125 g (4 oz) de champignons, coupés
   en lamelles
150 g (5 oz) de fusillis
12,5 cl (½ tasse) de crème liquide
Sel et poivre noir
Parmesan, pour l'accompagnement

Faites chauffer l'huile dans une sauteuse à feu moyen. Faites-y revenir l'oignon rouge pendant 5 min. Ajoutez les cubes de poulet et laissez-les cuire 2 min, jusqu'à ce qu'ils soient bien blancs. Versez le pesto et le bouillon ou le vin. Portez à ébullition.

Ajoutez les champignons, couvrez et laissez mijoter 15 min – le poulet doit être cuit à cœur. Augmentez le feu et attendez que le liquide réduise d'un tiers ; incorporez alors la crème et réchauffez sans porter à ébullition. Rectifiez l'assaisonnement. Servez avec des pâtes, du riz ou de la polenta et parsemez de parmesan.

Voir variantes p. 128

Blancs de poulet farcis au fromage

Pour 4 personnes

Le fromage frais parfume les blancs de poulet et leur permet de rester moelleux pendant la cuisson. La viande pouvant être farcie à l'avance, c'est la recette idéale si vous souhaitez préparer un repas plusieurs heures avant de le servir. Accompagnez ce plat de pommes de terre et de haricots verts cuits à la vapeur ou d'une salade verte.

4 blancs de poulet, avec la peau
125 g (4 oz) de fromage frais à l'ail
    et aux fines herbes

8 tranches de prosciutto
1 petite barquette de tomates cerises
Le jus de ½ citron

Préchauffez le four à 400 °F (200 °C). Déposez les blancs de poulet sur une planche à découper ; soulevez délicatement la peau, sans la détacher, et glissez délicatement 1 c. à s. de fromage. Enroulez chaque morceau de viande dans 1 tranche de prosciutto, en serrant bien pour éviter que la farce s'échappe.

Transférez les blancs de poulet dans un plat à gratin, ajoutez les tomates cerises et enfournez pour 20 min environ, jusqu'à ce que la viande soit cuite à cœur. Mettez le poulet et les tomates dans un plat de service et réservez au chaud. Déglacez le plat avec 2 c. à s. d'eau et le jus de citron, en mélangeant sur le feu et en grattant tous les sucs de cuisson. Versez sur le poulet et servez.

Voir variantes p. 129

Poulet grillé au citron et au thym

Recette de base p. 105

Poulet grillé aux épices cajun

Suivez la recette de base, en remplaçant le thym, le jus et le zeste de citron par 1 c. à s. de paprika, 1 c. à t. de poivre de Cayenne et 2 c. à s. d'origan frais (ou 2 c. à t. d'origan séché).

Poulet à la moutarde au miel

Suivez la recette de base, en remplaçant le thym, le jus et le zeste de citron par 3 c. à s. de miel, 3 c. à s. d'huile de tournesol, 3 c. à s. de moutarde à l'ancienne et 1 c. à s. de vinaigre balsamique.

Poulet teriyaki

Suivez la recette de base, en remplaçant le thym, le jus et le zeste de citron par 12,5 cl (½ tasse) de sauce teriyaki, 2 c. à s. de jus de citron, 1 gousse d'ail pressée, 2 c. à t. d'huile de sésame et quelques gouttes de Tabasco®.

Poulet grillé à la harissa

Suivez la recette de base, en remplaçant le thym, le jus et le zeste de citron par 4 c. à s. de harissa, 1 c. à s. de graines de cumin (torréfiées à sec pendant 1 min), 1 c. à s. de jus de citron et 1 c. à s. d'huile d'olive.

Chow mein au poulet

Recette de base p. 106

Chow mein au porc
Suivez la recette de base, en remplaçant le poulet par 500 g (1,1 lb) de filet de porc ou de viande de porc hachée. Jetez la graisse de cuisson à l'exception de 1 c. à s. avant de faire cuire les légumes.

Chow mein au tofu
Suivez la recette de base, en remplaçant le poulet par 500 g (1,1 lb) de tofu coupé en cubes de 1,5 cm (⅝ po). (Vous pouvez également utiliser du tofu fumé.)

Chow mein sans gluten
Suivez la recette de base, en utilisant des nouilles de riz, du riz ou des spaghettis ou des linguines à base de quinoa. Faites-les cuire en suivant les instructions figurant sur l'emballage.

Poulet et légumes sautés
Suivez la recette de base, en supprimant les nouilles. Servez le poulet et les légumes sur un lit de riz nature ou du riz aux œufs frits.

Variantes

Poulet à la mandarine et au piment jalapeño

Recette de base p. 109

Thon grillé à la mandarine et au piment jalapeño
Suivez la recette de base, en remplaçant le poulet par 4 steaks de thon.
Badigeonnez-les d'huile d'olive et salez-les. Faites-les cuire 1 ou 2 min sur
chaque face, en fonction de leur épaisseur (le thon grillé est meilleur rosé).
Ajoutez les ingrédients restants dans la sauteuse et laissez cuire 2 ou 3 min,
jusqu'à ce que le liquide ait réduit d'un tiers. Servez le thon arrosé de sauce.

Canard à la mandarine et au piment jalapeño
Suivez la recette de base, en remplaçant le poulet par 4 petits magrets
de canard, avec la peau. Entaillez-les légèrement et salez-les. Faites-les
cuire 8 à 10 min côté peau, jusqu'à ce que celle-ci soit bien croustillante,
puis jetez l'excédent de graisse. Ajoutez les ingrédients restants et faites
cuire les magrets 5 à 10 min sur l'autre face (le canard se sert normalement
rosé).

Poulet à l'orange et à la sauce pimentée douce
Suivez la recette de base, en supprimant le piment et la sauce pimentée
et en remplaçant le jus de mandarine par du jus d'orange. Ajoutez 12 cl
(½ tasse) de sauce pimentée douce, 1 c. à s. de sucre roux, 1 c. à s. de sauce
soya, 1 c. à t. de moutarde de Dijon et 1 c. à t. d'ail semoule en même temps
que le jus d'orange.

Variantes

Burgers de poulet au maïs, au cumin et au gingembre

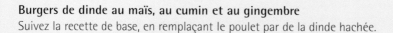

Recette de base p. 110

Burgers de dinde au maïs, au cumin et au gingembre
Suivez la recette de base, en remplaçant le poulet par de la dinde hachée.

Burgers de poulet au maïs, à la tomate et au basilic
Suivez la recette de base, en remplaçant le cumin, le gingembre et le piment par 1 c. à s. de coulis de tomates et 2 c. à s. de basilic frais ciselé.

Burgers de poulet à la feta
Suivez la recette de base, en supprimant le maïs et le gingembre et en n'utilisant que ½ c. à t. de cumin. Ajoutez 175 g (6 oz) de feta émiettée et ½ c. à t. d'origan séché.

Burgers de poulet au maïs, au citron vert et au piment jalapeño
Suivez la recette de base, en remplaçant le cumin, le gingembre et le piment par du zeste râpé de ½ citron vert, 2 c. à s. de jus de citron vert, 1 piment jalapeño finement émincé, 2 c. à s. de coriandre fraîche ciselée et 1 pincée de sucre.

Variantes

Poulet à la moutarde

Recette de base p. 111

Poulet à la moutarde sans lactose
Suivez la recette de base, en remplaçant la crème par de la crème de soya
sans lactose.

Poulet à l'estragon
Suivez la recette de base, en remplaçant la moutarde par 2 c. à s. d'estragon
frais ciselé.

Poulet crémeux à l'ail
Suivez la recette de base, en ajoutant 2 ou 3 gousses d'ail pressées dans
l'eau de cuisson du poulet et en supprimant la moutarde à l'ancienne.
Vous pouvez aussi combiner les deux recettes pour confectionner une sauce
crémeuse à l'ail et à la moutarde.

Flétan et sauce crémeuse au vermouth et à la moutarde
Suivez la recette de base, en remplaçant le poulet par des filets de flétan.
Faites pocher le poisson pendant 5 min, jusqu'à ce qu'il soit opaque
et commence à se détacher. Suivez ensuite les instructions de la recette
de base ou de la variante à l'estragon ci-dessus.

Variantes

Poulet à la puttanesca et semoule à l'orange

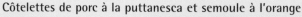

Recette de base p. 112

Côtelettes de porc à la puttanesca et semoule à l'orange
Suivez la recette de base, en remplaçant le poulet par des côtelettes de porc.
Vous devrez peut-être augmenter le temps de cuisson de quelques minutes,
en fonction de l'épaisseur des côtelettes.

Puttanesca végétarienne et semoule à l'orange
Suivez la recette de base, en supprimant le poulet et l'huile d'olive.
Préparez la sauce dans une casserole en ajoutant 1 boîte de 400 g (13,5 oz) de
pois chiches et laissez cuire 10 min, jusqu'à ce que les légumes soient tendres.

Dinde à la puttanesca et semoule à l'orange
Suivez la recette de base, en remplaçant le poulet par 500 g (1,1 lb) de dinde cuite,
coupée en morceaux (il n'est pas nécessaire de précuire la viande dans l'huile).

Espadon à la puttanesca et semoule à l'orange
Suivez la recette de base, en remplaçant le poulet par des steaks d'espadon.
Faites-les cuire 5 à 8 min, en fonction de leur épaisseur.

Variantes

Sauté de dinde aux poivrons

Recette de base p. 114

Crevettes sautées aux poivrons

Suivez la recette de base, en supprimant la marinade et en remplaçant
la dinde par 500 g (1,1 lb) de grosses crevettes crues décortiquées. Faites-les
sauter 5 à 7 min, jusqu'à ce qu'elles soient cuites à cœur.

Bœuf sauté aux poivrons

Suivez la recette de base, en remplaçant la dinde par 500 g (1,1 lb) de steak
coupé en lamelles. Faites sauter la viande 2 min – ou plus longtemps si vous
l'aimez bien cuite.

Sauté de dinde aux poivrons et aux bettes

Suivez la recette de base, en supprimant le poivron vert et les champignons.
Retirez les côtes de 500 g (1,1 lb) de blettes, coupez-les en morceaux et
faites-les revenir 2 min avec le poivron vert. Ajoutez les feuilles de blettes
émincées et poursuivez la cuisson 1 ou 2 min, jusqu'à ce qu'elles soient
tendres.

Sauté de poulet épicé aux poivrons

Suivez la recette de base, en remplaçant la dinde par 500 g (1,1 lb) de poulet
coupé en lamelles et en ajoutant ½ à 1 c. à t. de sauce pimentée dans la
marinade.

Poulet thaï au curry vert

Recette de base p. 115

Poulet thaï au curry rouge
Suivez la recette de base, en remplaçant la pâte de curry vert par de la pâte de curry rouge.

Curry de légumes aux edamames
Suivez la recette de base, en supprimant le poulet. Faites revenir l'ail et la pâte de curry vert dans la sauteuse pendant 1 min, puis ajoutez 300 g (10 oz) de fèves de soya (edamames) surgelées en même temps que le lait de coco.

Curry de légumes thaï au tofu croustillant
Suivez la recette de base, en supprimant le poulet. Découpez 500 g (1,1 lb) de tofu en morceaux et mélangez-les avec 3 c. à s. de farine additionnée de sel, de poivre et d'ail semoule. Faites-les cuire dans 2 c. à s. d'huile de tournesol, en les retournant de temps en temps, jusqu'à ce qu'ils soient croustillants. Incorporez-les au curry préparé et servez immédiatement, pour qu'ils restent bien croustillants.

Curry de porc thaï
Suivez la recette de base, en remplaçant le poulet par 500 g (1,1 lb) de filet de porc coupé en fines lamelles.

Variantes

Poulet au pesto rouge crémeux

Recette de base p. 116

Poulet au pesto et aux tomates

Suivez la recette de base, en supprimant les champignons et en remplaçant
le pesto à la tomate par 3 c. à s. de pesto vert. Avant d'ajouter la crème,
incorporez 225 g (7,5 oz) de tomates cerises coupées en 2 et laissez-les cuire
quelques minutes, jusqu'à ce qu'elles soient tendres.

Poulet et sauce crémeuse au pesto et au piment

Suivez la recette de base, en ajoutant 1 piment rouge, épépiné et finement
émincé, après 3 min de cuisson de l'oignon. Au bout de 2 min, incorporez
le poulet.

Crevettes au pesto de roquette crémeux

Suivez la recette de base, en remplaçant le poulet et le pesto de tomates séchées
par 500 g (1,1 lb) de grosses crevettes crues, décortiquées, et par un pesto de
roquette. Laissez mijoter 10 min, jusqu'à ce que les crevettes soient cuites.

Poulet au pesto rouge crémeux et aux noix

Suivez la recette de base, en supprimant les champignons. Faites griller
150 g (1 ¼ tasse) de noix à sec pendant 3 à 5 min sur feu moyen, jusqu'à ce
qu'elles commencent à brunir. Incorporez-les au poulet en même temps que
la crème.

Blancs de poulet farcis au fromage

Recette de base p. 119

Blancs de poulet farcis à l'italienne
Suivez la recette de base, en glissant délicatement 2 fines tranches
de mozzarella, 2 feuilles de basilic et 1 tomate cerise coupée en 4 sous
la peau de chaque blanc de poulet.

Blancs de poulet farcis au bleu et aux épinards
Suivez la recette de base, en utilisant 50 g (1,5 oz) de fromage frais nature et
50 g (1,5 oz) de bleu émietté. Pressez 75 g (⅔ tasse) d'épinards surgelés
décongelés pour en extraire tout le liquide et mélangez-les avec les fromages.
Farcissez les blancs de poulet avec cette préparation.

Blancs de poulet farcis au fromage, sauce aux poivrons grillés
Suivez la recette de base, en supprimant les tomates et le jus de citron.
Préparez la sauce en mélangeant 300 g (10 oz) de poivrons rouges en bocal
avec 200 g (6,5 oz) de tomates en conserve, 2 c. à s. de vin rouge et ½ cube de
bouillon de volaille émietté. Portez à ébullition et laissez mijoter 15 min. Retirez
du feu et mixez. Servez chaud, avec le poulet.

Blancs de poulet farcis à la saucisse
Suivez la recette de base, en remplaçant le fromage par la chair de 2 saucisses
aux herbes.

Viandes

La cuisson de la viande n'est pas forcément

très longue : les recettes suivantes sont toutes

rapides et extrêmement faciles à préparer.

En revanche, choisissez une viande de qualité,

pour éviter toute déconvenue.

Médaillons de porc
au citron et au persil

Pour 4 personnes

Les médaillons de porc seront cuits à cœur et bien grillés à l'extérieur. N'hésitez donc pas à les attendrir à l'aide d'un maillet ou d'un rouleau à pâtisserie, voire avec le dos d'une poêle à frire. Accompagnez-les simplement d'une purée de pommes de terre et de haricots verts vapeur.

1 filet mignon de porc, d'environ 500 g (1,1 lb)
3 c. à s. d'huile d'olive
Sel et poivre noir
12,5 cl (½ tasse) de vin blanc sec

Le jus de 1 gros citron
2 c. à s. de persil frais, ciselé
1 citron, coupé en 4

Coupez le filet mignon en tranches de 6 mm (¼ po) d'épaisseur. Placez chaque tranche entre 2 feuilles de papier sulfurisé et aplatissez-les (elles doivent mesurer la moitié de leur épaisseur initiale).

Faites revenir les médaillons dans l'huile d'olive (procédez en plusieurs fois pour qu'ils ne se chevauchent pas). Salez-les et poivrez-les légèrement. Laissez-les cuire jusqu'à ce qu'ils soient dorés sur les deux faces. Transférez-les sur une assiette chaude et réservez-les au chaud.

Versez le vin dans la poêle pour déglacer les sucs de cuisson, en grattant bien. Laissez bouillir, jusqu'à ce qu'il ne reste plus qu'un peu de vin au fond du récipient. Ajoutez le jus de citron et le persil, remettez les médaillons dans la poêle et mélangez rapidement de manière à bien les enrober de sauce. Servez immédiatement, avec des quartiers de citron.

Voir variantes p. 144

Steaks au beurre de raifort

Pour 4 personnes

Le bœuf et le raifort se marient à merveille. Accompagnez ce plat d'une salade de betteraves ou de pommes de terre. Le beurre aromatisé peut être confectionné à l'avance et conservé au réfrigérateur. Vous pouvez aussi le préparer en grande quantité et le stocker au congélateur.

Pour le beurre de raifort
125 g (½ tasse) de beurre demi-sel mou
2 c. à s. de sauce au raifort prête à l'emploi
½ c. à s. de moutarde de Dijon
1 c. à s. de persil frais, ciselé

Pour les steaks
4 steaks de 175 g (6 oz), d'une épaisseur
   de 2,5 à 4 cm (1 po à 1,5 po)
1 à 2 c. à s. d'huile d'olive
Poivre noir du moulin

Préchauffez le gril ou le barbecue.

Préparez le beurre de raifort : écrasez le beurre, le raifort, la moutarde et le persil à l'aide d'une fourchette. Déposez cette préparation sur un morceau de film plastique et formez un boudin. Faites-la durcir quelques minutes au congélateur (ou réservez-la au réfrigérateur si vous ne l'utilisez pas immédiatement).

Badigeonnez légèrement les steaks d'huile d'olive et poivrez-les. Faites-les cuire 3 min sur chaque face – ou plus si vous les aimez bien cuits. Laissez-les reposer 3 min avant de les servir, recouverts de beurre de raifort.

Voir variantes p. 145

Bœuf sauté au gingembre et aux brocolis

Pour 4 personnes

Faites reposer la viande environ 15 min au congélateur, elle sera plus facile à découper. Accompagnez ce plat de riz sauté nature ou aux œufs ou de nouilles chinoises aux œufs.

500 g (1,1 lb) de steak coupé en fines lamelles
1 c. à t. de mélange «cinq-épices» chinois
1 c. à s. de fécule de maïs
150 g (5 oz) de brocolis, détaillé en fleurettes coupées en 2
4 c. à s. de sauce soya
1 c. à t. de miel

1 c. à s. de vinaigre de vin rouge
3 c. à s. d'huile, de préférence d'arachide
1 gousse d'ail, pressée
1 morceau de gingembre frais de 2,5 cm (1 po), finement émincé
3 oignons nouveaux, finement émincés
Poivre noir

Essuyez le bœuf avec du papier absorbant puis saupoudrez-le de cinq-épices et de fécule de maïs. Blanchissez les brocolis 1 min dans l'eau bouillante. Égouttez-le en gardant l'eau de cuisson et réservez-les. Dans un petit bol, mélangez la sauce soya, le miel, le vinaigre et 3 c. à s. d'eau de cuisson des brocolis.

Faites sauter le bœuf environ 1 min dans un wok huilé, jusqu'à ce qu'il soit doré. Réservez au chaud. Faites frire l'ail 30 à 45 s dans le wok. Ajoutez le gingembre et les brocolis et faites-les sauter 2 ou 3 min, jusqu'à ce qu'ils soient tendres et croustillants. Remettez la viande dans le wok, incorporez les oignons nouveaux et le mélange de sauce soya. Laissez cuire 2 min, en ajoutant un peu d'eau de cuisson des brocolis si la sauce devient trop épaisse.

Voir variantes p. 146

Potée aux saucisses et aux haricots

Pour 4 personnes

Vous trouverez sûrement dans votre placard de cuisine les ingrédients nécessaires à la préparation de cette potée. Servez-la dans un bol, avec du pain ou des craquelins.

1 boîte de 400 g (13,5 oz) de haricots blancs
1 boîte de 400 g (13,5 oz) de haricots rouges
1 boîte de 400 g (13,5 oz) de dés de tomates
   à l'ail et aux herbes
225 g (7,5 oz) de maïs en grains
2 c. à t. d'oignon en poudre

12,5 cl (½ tasse) de bouillon de bœuf
1 c. à t. de sucre
2 c. à t. de moutarde de Dijon
2 c. à s. de pâte de tomates
8 saucisses de Francfort

Dans une casserole, mélangez tous les ingrédients, à l'exception des saucisses. Portez lentement à ébullition. Baissez le feu et laissez mijoter 5 min.

Ajoutez les saucisses, entières ou découpées en rondelles, et faites-les chauffer environ 5 min.

Voir variantes p. 147

Agneau et salade de chou chaude

Pour 4 personnes

Cette salade de chou chaude est idéale en hiver, lorsqu'il fait froid.

4 côtelettes d'agneau, d'environ 175 g (6 oz)
    pièce et 2,5 cm (1 po) d'épaisseur
Sel et poivre noir
2 c. à s. d'huile au romarin (ou aromatisée
    à une autre herbe)

Pour la salade de chou chaude
1 c. à t. de graines de carvi
1 oignon rouge, finement émincé

2 poires conférence bien fermes, évidées
    et coupées en tranches
½ chou rouge, émincé
2 betteraves de taille moyenne, épluchées
    et émincées
3 c. à s. de vinaigre de vin rouge
1 c. à t. de sucre
Sel et poivre noir

Salez et poivrez les côtelettes et badigeonnez-les d'huile. Faites-les griller 3 ou 4 min sur chaque face, jusqu'à ce que la cuisson soit à votre convenance. Réservez-les au chaud le temps de préparer la salade de chou.

Faites chauffer l'huile restante dans une sauteuse et faites-y griller les graines de carvi pendant 30 s. Ajoutez l'oignon rouge et les poires. Laissez-les cuire 2 min, sans cesser de remuer. Incorporez le chou, les betteraves et poursuivez la cuisson 5 min, en mélangeant fréquemment. Versez le vinaigre, ajoutez le sucre, salez et poivrez généreusement.

Voir variantes p. 148

Boulettes de viande à l'italienne et sauce tomate

Pour 4 personnes

Confectionnez vous-même vos boulettes de viande, vous serez certain de consommer de la viande de qualité. Ne choisissez pas de bœuf haché à 5% de matière grasse, la préparation risquerait de s'émietter en cuisant.

Pour les boulettes de viande
500 g (1,1 lb) de viande de bœuf hachée
40 g (⅓ tasse) de chapelure
4 c. à s. de parmesan râpé
1 c. à s. d'oignon en poudre
1 œuf, légèrement battu
1 c. à t. d'origan séché
Sel et poivre

Pour la sauce
60 cl (2 ⅔ tasses) de coulis de tomates
2 c. à s. d'oignon en poudre
½ c. à t. d'ail en poudre
1 cube de bouillon de légumes
12,5 cl (½ tasse) d'eau
Sel et poivre
2 c. à s. de basilic frais, ciselé

Préchauffez le four à 425 °F (220 °C). Mélangez tous les ingrédients des boulettes. Façonnez des boulettes de 2,5 cm (1 po) de diamètre avec vos mains humides, puis déposez-les sur une plaque à pâtisserie légèrement huilée. Enfournez-les pour 15 min environ, jusqu'à ce qu'elles soient cuites à cœur.

Pendant ce temps, mélangez tous les ingrédients de la sauce, à l'exception du basilic, dans une casserole. Portez à ébullition et laissez mijoter 5 min sans cesser de remuer. Ajoutez le basilic et versez la sauce sur les boulettes cuites. Enfournez de nouveau pour 2 min.

Voir variantes p. 149

Saucisses laquées à la sauce barbecue

Pour 4 personnes

Les saucisses sont ici cuites avec une sauce barbecue. Servez-les avec des frites au four, de la purée de pommes de terre ou dans un petit pain à hot-dog.

500 g (1,1 lb) de grosses saucisses de porc	1 c. à t. de Tabasco®
Le jus et le zeste de 1 orange	¼ de c. à t. de noix de muscade en poudre
3 c. à s. de miel	¼ de c. à t. de gingembre moulu
1 c. à s. de sauce soya	¼ de c. à t. de moutarde de Dijon

Préchauffez le gril du four ou le barbecue.

Mélangez tous les ingrédients – à l'exception des saucisses.

Ajoutez les saucisses et mélangez pour bien les enrober de sauce.

Faites griller les saucisses 10 min environ, en les retournant fréquemment et en les arrosant de sauce.

Voir variantes p. 150

Tourte au bœuf et aux champignons

Pour 4 personnes

En faisant cuire la pâte feuilletée à part, votre tourte sera prête en un tour de main. Vous pouvez utiliser des champignons en conserve si vous n'en trouvez pas de frais.

250 g (8 oz) de pâte feuilletée prête à l'emploi
1 c. à t. de lait
1 c. à t. de graines de sésame
2 c. à s. d'huile de tournesol
500 g (1,1 lb) de viande de bœuf hachée à 5 % de M.G.
1 oignon de taille moyenne, finement émincé
2 c. à s. de farine

1 c. à s. de pâte de tomates
25 cl (1 tasse) de bouillon de bœuf
   (ou 12,5 cl – ½ tasse de bouillon de bœuf
   et 12,5 cl – ½ tasse de vin rouge)
1 c. à t. de sauce Worcestershire
1 c. à t. de thym
75 g (2,5 oz) de champignons,
   coupés en lamelles

Préchauffez le four à 400 °F (200 °C). Étalez la pâte feuilletée sur un plan de travail légèrement fariné. Posez un plat rond d'une contenance de 1 l (4 tasses) sur la pâte. Découpez cette dernière à l'aide d'un couteau bien aiguisé, en suivant les contours du plat. Badigeonnez-la de lait puis parsemez-la de graines de sésame. Transférez-la sur une plaque à pâtisserie tapissée de papier sulfurisé et réservez-la au réfrigérateur.
Enfournez la pâte feuilletée pour 15 min, jusqu'à ce qu'elle soit bien dorée. Faites revenir la viande 4 ou 5 min dans l'huile. Ajoutez l'oignon et laissez-le cuire 5 min. Incorporez la farine et poursuivez la cuisson 2 min, puis versez les ingrédients restants. Portez à ébullition, réduisez le feu et laissez mijoter à découvert. Dès que la pâte est cuite, transférez la préparation dans une tourtière et recouvrez de la pâte feuilletée. Servez avec des légumes.

Voir variantes p. 151

Côtelettes d'agneau à l'orientale

Pour 4 personnes

Servez cette savoureuse viande enrobée dans un mélange d'épices avec du taboulé et une salade de tomates à l'huile d'olive et au vinaigre.

4 grosses ou 8 petites côtelettes d'agneau
1 c. à s. d'huile d'olive
1 citron, coupé en 4

Pour le mélange d'épices
1 c. à s. de cumin moulu

2 c. à t. de curcuma
1 c. à t. de paprika
1 c. à t. de coriandre moulue
¼ de c. à t. d'ail semoule
½ c. à t. de piment rouge en poudre
¼ de c. à t. de sel

Mettez tous les ingrédients du mélange d'épices dans un bol. Badigeonnez les côtelettes d'huile d'olive, puis couvrez-les d'épices, sur les deux faces, en pressant bien. (Vous pouvez réaliser cette étape à l'avance et stocker la viande jusqu'à 12 h au réfrigérateur.)

Faites griller les côtelettes, en les retournant une fois, 7 à 8 min pour une viande rosée et 10 à 12 min pour une viande à point. Servez avec des quartiers de citron.

Voir variantes p. 152

Escalopes de porc panées

Pour 4 personnes

Tout le monde adore les aliments panés. Le succès est donc assuré avec cette recette. Accompagnez ces escalopes d'une salade de pommes de terre (voir p. 74), d'une salade de chou chaude (voir p. 136) ou de pâtes au beurre et aux herbes.

4 escalopes de porc de 175 g (6 oz) pièce,
    ou 600 g (1,3 lb) de filet mignon coupé
    en rondelles en diagonale
75 g (²/₃ tasse) de farine
1 œuf
1 c. à t. de jus de citron

100 g (1 tasse) de chapelure
1 c. à s. de persil ou de sauge séché(e)
Sel et poivre
Huile de tournesol, pour la cuisson
Rondelles de citron, pour l'accompagnement

Placez la viande entre deux morceaux de film plastique et aplatissez-la jusqu'à ce qu'elle ne mesure plus que 5 mm (³/₁₆ po) d'épaisseur. Essuyez-la avec du papier absorbant.

Mettez la farine dans un plat peu profond. Battez l'œuf dans une assiette creuse puis incorporez le jus de citron. Dans un troisième récipient, mélangez la chapelure, le persil ou la sauge ; salez et poivrez généreusement.

Roulez d'abord la viande dans la farine, puis trempez-la dans l'œuf et passez-la enfin dans la chapelure, en veillant à l'enrober uniformément.

Faites chauffer environ 5 mm (³/₁₆ po) d'huile dans une poêle. Faites frire la viande 4 ou 5 min sur chaque face, jusqu'à ce qu'elle soit bien dorée. Servez avec les tranches de citron.

Voir variantes p. 153

Variantes

Médaillons de porc au citron et au persil

Recette de base p. 131

Médaillons de porc au citron vert et à la coriandre

Suivez la recette de base, en ajoutant 1 piment séché écrasé en même temps que le vin. Remplacez le citron par du citron vert et le persil par de la coriandre.

Médaillons de porc aux olives, à l'orange et à la ciboulette

Suivez la recette de base, en remplaçant le citron par de l'orange et en ajoutant 1 c. à t. de zeste d'orange. Remplacez le persil par de la ciboulette et ajoutez 6 olives noires coupées en 4.

Aiguillettes de poulet au citron et au persil

Suivez la recette de base, en remplaçant le porc par 500 g (1,1 lb) d'aiguillettes de poulet. Aplatissez la viande et faites-la cuire 5 ou 6 min.

Sole au citron et beurre persillé

Suivez la recette de base, en remplaçant l'huile d'olive par du beurre, et le porc par 4 filets de sole salés et poivrés – ne les aplatissez pas. Faites-les cuire 2 min environ sur chaque face.

Variantes

Steaks au beurre de raifort

Recette de base p. 133

Steaks au beurre d'ail à la ciboulette
Suivez la recette de base, en remplaçant le raifort, la moutarde et le persil
par 2 gousses d'ail pressées et 2 c. à s. de ciboulette fraîche ciselée.

Steaks au beurre pimenté au citron vert
Suivez la recette de base, en remplaçant le raifort, la moutarde et le persil
par le zeste de 1 citron vert, 1 c. à t. de purée de piment et 2 c. à s. de
coriandre ciselée.

Steaks au beurre piquant aux anchois
Suivez la recette de base, en remplaçant le raifort, la moutarde et le persil par
3 filets d'anchois écrasés, 1 c. à s. de câpres égouttées, 1 c. à s. de cornichons
émincés, 1 c. à s. de persil frais ciselé, 1 c. à t. de moutarde de Dijon, 1 c. à t.
de jus de citron et ¼ de c. à t. de poivre noir.

Steaks au beurre au poivre vert
Suivez la recette de base, en remplaçant le raifort, la moutarde et le persil
par 1 c. à s. de grains de poivre vert en bocal, égouttés et légèrement écrasés,
1 c. à s. d'échalote finement ciselée, 1 c. à t. de jus de citron, ½ c. à t. de
moutarde de Dijon, 2 c. à s. de persil ciselé et quelques gouttes de sauce
Worcestershire.

Variantes

Bœuf sauté au gingembre et aux brocolis

Recette de base p. 134

Bœuf sauté aux brocolis, sauce d'huître
Suivez la recette de base, en utilisant seulement 2 c. à s. de sauce soya
et en ajoutant 3 c. à s. de sauce d'huître.

Poulet sauté au gingembre et aux brocolis
Suivez la recette de base, en remplaçant le bœuf par 500 g (1,1 lb) de blancs
de poulet coupés en fines lamelles.

Bœuf sauté du Sichuan
Suivez la recette de base, en supprimant le gingembre. Utilisez seulement
3 c. à s. de sauce soya et ajoutez 3 c. à s. de sauce hoisin et 2 ou 3 c. à t.
de purée de piment.

Tofu sauté au gingembre et aux brocolis
Suivez la recette de base, en remplaçant le bœuf par 500 g (1,1 lb) de tofu
coupé en morceaux de 1,5 cm (⅝ po) : faites-le sauter jusqu'à ce qu'il soit
croustillant, puis réservez-le au chaud.

Potée aux saucisses et aux haricots

Recette de base p. 135

Potée aux saucisses végétariennes et aux haricots
Suivez la recette de base, en remplaçant les saucisses de Francfort
par des saucisses végétariennes.

Potée au jambon et aux haricots
Suivez la recette de base, en remplaçant les saucisses de Francfort
par 150 g (5 oz) de jambon – de préférence fumé – coupé en dés.

Potée épicée aux saucisses et aux haricots
Suivez la recette de base, en ajoutant 1 ou 2 c. à s. de sauce pimentée
douce et quelques gouttes de Tabasco®.

Potée aux saucisses, au riz et aux haricots
Suivez la recette de base, en augmentant la quantité de bouillon (17,5 cl –
¾ tasse) et en ajoutant 200 g (1 tasse) de riz cuit en même temps que
les saucisses.

Variantes

Agneau et salade de chou chaude

Recette de base p. 136

Porc et salade de chou chaude
Suivez la recette de base, en remplaçant les côtelettes d'agneau par des filets de porc. Augmentez le temps de cuisson (6 à 8 min sur chaque face).

Agneau et salade de fenouil
Suivez la recette de base, en supprimant les graines de carvi. Remplacez l'oignon rouge, le chou rouge et la betterave par 1 oignon jaune, 2 bulbes de fenouil de taille moyenne et 1 carotte coupés en rondelles.

Agneau et céleri rémoulade
Suivez la recette de base, en supprimant la salade de chou chaude. Préparez le céleri rémoulade : épluchez 500 g (1,1 lb) de céleri-rave et râpez-le. Mettez-le au fur et à mesure dans un bol contenant le jus de ½ citron. Dans un autre bol, mélangez 2 c. à s. de mayonnaise, 2 c. à s. de crème 35 %, 2 c. à s. de persil ciselé et 2 c. à t. de moutarde de Dijon. Ajoutez au céleri, salez, poivrez.

Agneau et salade de chou asiatique
Suivez la recette de base, en supprimant le vinaigre et le sucre. Assaisonnez la salade avec 1 c. à s. de sauce soya, 1 c. à s. de sucre, ½ c. à t. de vinaigre balsamique et 1 c. à t. d'huile de sésame. Salez, poivrez.

Boulettes de viande à l'italienne et sauce tomate

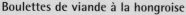

Recette de base p. 138

Boulettes de viande à la hongroise
Suivez la recette de base, en supprimant la sauce et en remplaçant l'origan
et l'œuf par 12,5 cl (½ tasse) de lait et ¼ de c. à t. de noix de muscade.
Récupérez 2 c. à s. de graisse de cuisson de la viande et mélangez-la avec
2 c. à s. de farine. Ajoutez progressivement 30 cl (1 ⅓ tasse) de bouillon de
bœuf, 25 cl (1 tasse) de crème liquide et 1 c. à s. de paprika. Faites cuire sur
feu moyen, sans cesser de remuer, jusqu'à ce que la sauce épaississe.

Boulettes de viande, sauce aigre-douce
Suivez la recette de base, en supprimant la sauce. Dans une casserole,
mélangez 1 ou 2 c. à t. de piment en poudre, 4 c. à s. de sauce soya, 4 c. à s.
de vinaigre de vin blanc, 4 c. à s. de xérès, 1 ½ c. à t. de sucre roux et 1 c. à t.
de fécule de maïs. Faites cuire sur feu moyen, jusqu'à ce que la sauce épaississe.

Albondigas
Suivez la recette de base, en préparant les boulettes de viande sans le
parmesan et en ajoutant 1 c. à t. de cumin moulu. Pour la sauce, épépinez
et émincez finement 2 à 4 piments rouges moyennement forts et faites-les
revenir dans 1 c. à s. d'huile de maïs pendant 2 ou 3 min, jusqu'à ce qu'ils
soient tendres. Poursuivez la recette comme indiqué, en remplaçant le basilic
par de la coriandre.

Variantes

Saucisses laquées à la sauce barbecue

Recette de base p. 139

Kebabs de porc laqués

Suivez la recette de base pour préparer la sauce. Supprimez les saucisses.
Piquez 500 g (1,1 lb) de porc coupé en dés sur des brochettes en métal.
Faites-les cuire 15 à 20 min, en les retournant régulièrement, jusqu'à ce que
la viande soit légèrement brûlée sur les bords.

Saucisses laquées à l'ananas

Suivez la recette de base, en préparant la sauce avec 25 cl (1 tasse) de jus
d'ananas, 3 c. à s. de ketchup, 1 c. à s. de sauce soya, 1 c. à s. d'huile
d'arachide et ½ c. à t. de mélange «cinq-épices» chinois.

Steaks de jambon laqués

Suivez la recette de base pour préparer la sauce. Remplacez les saucisses
par 4 steaks de jambon épais. Faites-les cuire 8 à 10 min sous le gril ou
au barbecue, jusqu'à ce qu'ils soient bien cuits.

Pilons de poulet laqués

Suivez la recette de base pour préparer la sauce. Remplacez les saucisses
par 8 pilons de poulet. Faites-les griller 10 à 15 min par face, jusqu'à ce
qu'ils soient cuits à cœur.

Variantes

Tourte au bœuf et aux champignons

Recette de base p. 140

Tourte au bœuf et au maïs
Suivez la recette de base, en remplaçant les champignons par 250 g (8 oz) de maïs en grains.

Tourte au bœuf et aux légumes
Suivez la recette de base, en remplaçant les champignons par 250 g (8 oz) de jardinière de légumes surgelée.

Tourte au poulet et aux champignons
Suivez la recette de base pour préparer la pâte feuilletée. Pour la garniture, mélangez 150 g (5 oz) de poulet cuit et 125 g (4 oz) de jambon haché, 75 g (2,5 oz) de champignons coupés en lamelles, 30 cl (1 ⅓ tasse) de velouté de poulet et ½ c. à t. de sauce Worcestershire. Réchauffez et laissez cuire 5 min. Poivrez la préparation et recouvrez-la de pâte feuilletée cuite.

Tourte à l'agneau et à la menthe
Suivez la recette de base, en remplaçant le bœuf et le thym par de l'agneau haché et 4 c. à s. de menthe fraîche ciselée (ou 4 c. à t. de menthe séchée).

Variantes

Côtelettes d'agneau à l'orientale

Recette de base p. 142

Côtelettes d'agneau aux herbes à la méditerranéenne
Suivez la recette de base, en remplaçant le mélange d'épices par ½ c. à t.
de romarin séché, ½ c. à t. d'origan séché, ¼ de c. à t. de basilic ciselé,
¼ de c. à t. de sauge, ¼ de c. à t. de marjolaine, ¼ de c. à t. d'ail semoule,
¼ de c. à t. de sel et ¼ de c. à t. de poivre noir.

Côtelettes d'agneau aux épices hongroises
Suivez la recette de base, en remplaçant le mélange d'épices par 1 ½ c. à t.
de paprika doux, ½ c. à t. de cannelle, ½ c. à t. de cumin moulu, ½ c. à t.
de coriandre moulue, ½ c. à t. d'origan et ¼ de c. à t. d'ail semoule.

Côtelettes d'agneau à l'ail et aux herbes
Suivez la recette de base, en remplaçant le mélange d'épices par 2 gousses
d'ail pressées, le zeste râpé de 1 citron, 1 c. à t. de romarin ciselé, 1 c. à t. de
thym, 1 c. à t. de persil ciselé et 1 c. à t. de sauge ciselée, ¼ de c. à t. de sel
et 1 généreuse pincée de poivre de Cayenne.

Côtelettes d'agneau sauce barbecue
Suivez la recette de base, en remplaçant le mélange d'épices par 1 c. à s.
de sucre roux, 1 c. à s. de cumin, 1 c. à s. de piment en poudre, 1 c. à s.
de moutarde, 1 c. à s. de paprika et ¼ de c. à t. d'ail en poudre.

Variantes

Escalopes de porc panées

Recette de base p. 143

Escalope de porc à la crème
Suivez la recette de base. Une fois que les côtelettes sont cuites, réservez-les
au chaud. Versez 17,5 cl (¾ tasse) de bouillon de volaille dans la poêle et
déglacez-la à l'aide d'une cuillère en bois, en grattant bien les sucs de cuisson.
La sauce doit réduire d'un tiers. Incorporez 12,5 cl (½ tasse) de crème liquide,
2 c. à t. d'aneth ciselé (ou ½ c. à t. d'aneth séché). Salez, poivrez. Réchauffez
sans porter à ébullition.

Escalopes viennoises
Suivez la recette de base, en remplaçant le porc par 4 escalopes de veau
(d'environ 125 g – 4 oz pièce) aplaties (elles doivent mesurer 3 mm – ⅛ po
d'épaisseur). Faites-les cuire suivant les instructions de la recette de base
– comptez à peu près 2 min par face.

Aubergine panée
Suivez la recette de base, en remplaçant le porc par 1 grosse aubergine
coupée en rondelles de 2 cm (¾ po). Saupoudrez-les de sel et faites-les
dégorger au moins 10 min. Roulez-les dans la farine, trempez-les dans l'œuf
puis passez-les dans la chapelure. Faites-les frire en plusieurs tournées, 3 ou
4 min sur chaque face, jusqu'à ce qu'elles soient bien dorées.

Poissons

Aliment fantastique pour les cuisiniers pressés,

le poisson est diététique et peut se préparer

de très nombreuses manières. Achetez toujours

du poisson extrafrais et choisissez votre variété

préférée. Vous pouvez, bien sûr, substituer

un poisson à un autre – remplacez, par exemple,

un poisson plat comme la sole par un autre poisson

plat telle la raie.

Saumon en croûte de noix sur un lit d'épinards

Pour 4 personnes

Cette délicieuse recette pourra être préparée avec d'autres poissons comme du cabillaud, du tilapia ou du flétan.

50 g (⅓ tasse) de noix de pécan,
    finement hachées
3 c. à s. de chapelure
1 c. à t. de zeste de citron râpé
2 c. à s. de persil frais, ciselé,
    ou 2 c. à t. de persil séché
4 filets de saumon, d'environ 150 g (5 oz) pièce

Sel et poivre noir
4 c. à s. de mayonnaise, de préférence allégée
1 c. à t. de beurre
500 g (1,1 lb) de pousses d'épinards, lavées
1 noix de muscade entière, râpée
Quelques rondelles de citron, pour
    l'accompagnement

Préchauffez le four à 400 °F (200 °C).

Mélangez les noix de pécan, la chapelure, le zeste de citron et le persil dans un plat peu profond. Salez et poivrez chaque filet de saumon. Badigeonnez-les de mayonnaise, puis recouvrez-les du mélange à base de noix de pécan ; pressez bien. Déposez-les dans un plat à gratin légèrement beurré et enfournez pour 12 à 15 min, jusqu'à ce que le poisson soit doré et se détache facilement avec une fourchette.

Pendant ce temps, faites cuire les pousses d'épinards à la vapeur pendant 2 min environ, jusqu'à ce qu'elles soient juste cuites. Égouttez-les. Disposez-les au centre des assiettes, parsemez d'un peu de noix de muscade, ajoutez les filets de poisson et servez avec les rondelles de citron.

Voir variantes p. 168

Flétan à la sauce tomate

Pour 4 personnes

Le flétan est un poisson à la chair délicate et ferme. Le flétan de l'Atlantique étant en voie de disparition, choisissez plutôt du flétan du Pacifique Nord ou du flétan de ligne. Attention, trop cuite, sa chair devient sèche.

4 c. à s. de farine
4 pavés de flétan, de 2,5 cm (1 po) d'épaisseur
Le jus de 1 citron
Sel et poivre
2 c. à s. d'huile d'olive

Pour la sauce tomate
500 g (1,1 lb) de tomates parfumées,
    bien mûres

2 c. à s. d'huile d'olive
1 petit oignon rouge, finement émincé
1 gousse d'ail, pressée
1 ou 2 piments jalapeños, épépinés
    et finement émincés
4 c. à s. de coriandre fraîche, ciselée
1 c. à s. de jus de citron vert
½ c. à t. de sucre
Sel et poivre noir

Préparez la sauce tomate : ébouillantez les tomates, laissez-les tremper 30 s dans l'eau bouillante puis pelez-les à l'aide d'un couteau aiguisé. Coupez-les en 4, épépinez-les et coupez-les en gros morceaux. Ajoutez les ingrédients restants. Salez, poivrez.

Mettez la farine dans une assiette. Essuyez le poisson avec du papier absorbant, citronnez-le. Salez-le et poivrez-le puis roulez-le dans la farine de manière à l'enrober légèrement.

Faites cuire le poisson 4 ou 5 min sur chaque face, dans l'huile d'olive chaude. Servez-le avec la sauce tomate.

Voir variantes p. 169

Nouilles comme à Singapour

Pour 4 personnes

Cette recette associe viande et fruits de mer. Si vous n'aimez pas la viande, doublez la quantité de crevettes ou utilisez un mélange de crevettes et de moules. Ne vous laissez pas impressionner par la longue liste d'ingrédients, ce plat est vraiment simple à préparer.

225 g (7,5 oz) de vermicelles de riz
4 c. à s. d'huile de tournesol
2 œufs, légèrement battus
3 c. à s. de sauce soya
1 cube de bouillon de volaille, émietté
1 c. à t. de curry en poudre
½ c. à t. de gingembre moulu
1 c. à t. d'huile de sésame
1 pincée de sucre

75 g (2,5 oz) de pois gourmands
4 oignons nouveaux, coupés en fines rondelles
½ poivron vert, coupé en fines rondelles
½ poivron rouge, coupé en fines rondelles
175 g (6 oz) de bœuf, de porc ou de poulet cuit, coupé en lamelles
175 g (6 oz) de petites crevettes
75 g (2,5 oz) de germes de soya

Faites cuire les vermicelles 1 min dans l'eau bouillante. Égouttez-les et remettez-les dans la casserole pour terminer la cuisson à couvert. Au bout de 3 min, enlevez le couvercle et décollez les vermicelles à l'aide d'une fourchette. Couvrez de nouveau et réservez dans un endroit chaud.

Pendant ce temps, faites chauffer 1 c. à s. d'huile de tournesol dans une sauteuse et ajoutez les œufs battus. Faites-les cuire en omelette. Coupez-la en fines lanières. Réservez au chaud, avec les vermicelles.

Dans un bol, mélangez 1 c. à s. d'huile de tournesol, la sauce soya, le cube de bouillon émietté, le curry, le gingembre, l'huile de sésame et le sucre. Réservez.

Faites chauffer l'huile de tournesol restante dans un wok. Faites-y sauter les pois gourmands pendant 1 min. Ajoutez les oignons nouveaux et les poivrons et poursuivez la cuisson 1 min. Incorporez la viande et les crevettes puis, au bout de 2 min, les vermicelles, les œufs, les germes de soya et le mélange à base de sauce soya. Faites sauter pour réchauffer le tout, en mélangeant bien.

Voir variantes p. 170

Lotte et tapenade aux agrumes

Pour 4 personnes

La tapenade est une délicieuse purée d'olives noires d'origine provençale. Cette recette acidulée appelle un accompagnement simple, par exemple des pommes de terre nouvelles et une salade verte légèrement assaisonnée. Elle pourra être préparée avec n'importe quel poisson à chair blanche et ferme.

4 c. à s. de farine
4 filets de lotte, sans la peau,
   d'environ 175 g (6 oz) pièce
Sel et poivre noir
2 c. à t. de beurre
1 c. à t. de zeste d'orange

Pour la tapenade aux agrumes
175 g (6 oz) de tapenade en bocal
2 c. à s. de jus d'orange
1 c. à t. de zeste d'orange
1 c. à s. de jus de citron
¼ de c. à t. de zeste de citron
1 c. à s. de jus de citron vert
¼ de c. à t. de zeste de citron vert
1 pincée de sucre

Préchauffez le gril du four. Versez la farine dans une assiette. Essuyez les filets de poisson avec du papier absorbant, salez-les, poivrez-les puis roulez-les dans la farine de manière à bien les enrober. Déposez-les dans un plat légèrement huilé et recouvrez-les de noisettes de beurre. Parsemez-les de zeste d'orange. Faites-les griller 4 ou 5 min sur chaque face, en fonction de leur épaisseur – les filets sont cuits lorsque la chair se détache facilement.

Pendant ce temps, mélangez la tapenade avec le jus et le zeste des agrumes. Ajoutez le sucre, salez, poivrez. Servez le poisson avec la tapenade.

Voir variantes p. 171

Croquettes de crabe, sauce antillaise

Pour 12 croquettes

Ces croquettes de crabe se congèlent bien avant la cuisson : n'hésitez pas à en faire en grande quantité pour les servir un autre jour.

500 g (1,1 lb) de chair de crabe, de préférence
    fraîche ou surgelée et décongelée
1 gousse d'ail, pressée
½ poivron rouge de taille moyenne,
    coupé en petits morceaux
2 oignons nouveaux, finement émincés
2 c. à s. de persil frais, ciselé
2 c. à s. de mayonnaise
1 c. à s. de moutarde de Dijon
Le zeste de 1 citron
½ c. à t. de paprika
½ c. à t. de sel
Poivre noir
2 œufs, légèrement battus

100 g (1 tasse) de chapelure
2 à 4 c. à s. de beurre doux

Pour la sauce antillaise
1 boîte de 300 g (10 oz) de salade de fruits
    exotiques, égouttée
175 g (6 oz) de fraises, coupées en morceaux
3 c. à s. d'oignon rouge, finement ciselé
3 c. à s. de poivron rouge, coupé en petits
    morceaux
3 c. à s. de coriandre fraîche, ciselée
1 c. à s. de piment jalapeño, épépiné
    et finement émincé
Le jus de ½ citron vert
Sel et poivre

Mélangez la chair de crabe, l'ail, le poivron, les oignons nouveaux, le persil, la mayonnaise, la moutarde, le zeste de citron, le paprika, le sel et du poivre noir. Incorporez les œufs et la moitié de la chapelure, en mélangeant avec les mains ou avec une cuillère en bois.

Façonnez 12 croquettes. Roulez-les dans la chapelure restante.

Faites cuire la moitié des croquettes de crabe dans 2 c. à s. de beurre pendant 3 ou 4 min sur chaque face, jusqu'à ce qu'elles soient dorées. Répétez l'opération avec les croquettes restantes, en ajoutant un peu de beurre si nécessaire.

Mélangez tous les ingrédients de la sauce antillaise et présentez-la dans un ramequin, en accompagnement.

Voir variantes p. 172

Papillotes de poisson

Pour 4 personnes

En papillote, l'aliment cuit dans sa propre vapeur, ce qui le rend encore plus savoureux. Si vous préparez votre poisson au four plutôt qu'au barbecue, utilisez du papier sulfurisé à la place du papier d'aluminium – veillez à bien fermer les coins.

4 filets de poisson de 175 g (6 oz) pièce
    (cabillaud, aiglefin, tilapia, dorade, thon
    ou saumon)
2 c. à s. d'huile d'olive
Sel et poivre
8 rondelles de citron
1 poivron rouge, coupé en lamelles

1 courgette, coupée en rondelles
1 petit oignon rouge, coupé en rondelles
4 petites tomates, coupées en quatre
8 petits champignons, coupés en deux
4 c. à s. de persil frais ciselé
4 c. à s. de jus de citron ou de vin blanc

Préchauffez le four à 400 °F (200 °C) ou allumez le barbecue. Badigeonnez les filets de poisson d'huile d'olive, salez-les, poivrez-les puis recouvrez-les de rondelles de citron.

Découpez 4 morceaux de papier d'aluminium suffisamment grands pour envelopper les filets de poisson. Répartissez le reste des ingrédients au centre de chaque papillote. Ajoutez les filets de poisson et fermez-les hermétiquement.

Faites cuire les papillotes 15 à 20 min au barbecue ou au four, sur une plaque à pâtisserie. Vérifiez la cuisson en ouvrant légèrement une papillote à l'aide d'une fourchette afin de voir si le poisson est cuit à cœur. Entaillez le papier d'aluminium pour laisser la vapeur s'échapper avant d'ouvrir les papillotes.

Voir variantes p. 173

Pétoncles panés

Pour 3 ou 4 personnes

Vous accompagnerez ces délicieux pétoncles d'une salsa de mangue, comme celle proposée p. 169, ou d'une salade d'avocat.

100 g (1 tasse) de chapelure fraîche ou de pain croustillant réduit en miettes
4 c. à s. d'huile d'olive
4 c. à s. de parmesan, râpé
1 c. à s. de persil frais, ciselé

Le zeste de 1 citron
¼ de c. à t. d'ail semoule
1 pincée de poivre de Cayenne
Sel et poivre
24 pétoncles

Préchauffez le four à 400 °F (200 °C). Mélangez la chapelure, l'huile, le parmesan, le persil, le zeste de citron, l'ail et le poivre de Cayenne dans un bol. Salez, poivrez.

Essuyez les pétoncles avec du papier absorbant puis roulez-les dans la panure.

Disposez-les dans un plat de service allant au four et enfournez pour 9 à 12 min, jusqu'à ce qu'ils soient opaques et que la panure soit bien dorée – ne les faites pas trop cuire, ils deviendraient caoutchouteux et durs.

Voir variantes p. 174

Soles meunières toutes simples

Pour 4 personnes

La sole est un poisson à la chair très délicate, qui cuit en un rien de temps. On la sert habituellement avec une sauce au beurre, des pommes de terre nouvelles, des légumes verts cuits à la vapeur ou de la ratatouille.

4 filets de sole, sans la peau,
   d'environ 125 g (4 oz) pièce
4 c. à s. de farine
Sel et poivre noir

60 g (¼ tasse) de beurre
1 c. à t. de zeste de citron
4 c. à s. de jus de citron
1 c. à s. de persil frais, ciselé

Essuyez le poisson avec du papier absorbant, salez-le, poivrez-le puis roulez-le dans la farine de manière à l'enrober légèrement sur les deux faces.

Faites chauffer la moitié du beurre dans une sauteuse et ajoutez 2 filets de sole. Laissez-les cuire 2 min à feu moyen, côté peau sur le dessous, puis retournez-les délicatement à l'aide d'une spatule. Au bout de 1 min, incorporez le zeste et le jus de citron et poursuivez la cuisson 1 min, jusqu'à ce que le poisson soit bien doré.

Transférez les filets sur des assiettes, arrosez-les de sauce et réservez au chaud. Essuyez la sauteuse et répétez l'opération avec le poisson restant. Parsemez de persil et servez.

Voir variantes p. 175

Saumon en croûte de noix sur un lit d'épinards

Recette de base p. 155

Saumon en croûte de noisettes

Suivez la recette de base, en remplaçant les noix de pécan par des noisettes finement hachées.

Poisson en croûte de noix de pécan frit

Suivez la recette de base, mais étalez de la mayonnaise sur les deux faces des filets de poisson et roulez ces derniers dans la chapelure. Faites chauffer 2 c. à s. d'huile de tournesol dans une sauteuse assez grande pour contenir tous les filets. Laissez-les cuire 3 ou 4 min de chaque côté, sur feu moyen, jusqu'à ce que le poisson soit doré et se détache facilement avec une fourchette.

Porc en croûte de noix de pécan

Suivez la recette de base, en remplaçant le saumon par 4 côtelettes de porc, et la mayonnaise par une vinaigrette à la moutarde et au miel. Enfournez pour 18 à 25 min, en fonction de l'épaisseur des côtelettes.

Poisson en croûte de pignons et pesto

Suivez la recette de base, en remplaçant les noix de pécan, la chapelure, le zeste de citron et le persil par 50 g (1,5 oz) de pignons de pin hachés, 2 c. à s. de parmesan râpé, 1 c. à t. de pesto et ¼ de c. à t. d'ail semoule.

Variantes

Flétan à la sauce tomate

Recette de base p. 157

Flétan à la sauce tomate aux olives
Suivez la recette de base, en remplaçant les piments et la coriandre par
10 olives de Kalamata dénoyautées et finement émincées et 2 c. à s. de basilic
finement ciselé.

Flétan à la sauce à la mangue
Suivez la recette de base, en remplaçant les tomates et l'ail par la chair
de 1 grosse mangue coupée en morceaux et ¼ de poivron rouge taillé
en petits dés. Augmentez la quantité de jus de citron vert (2 c. à s.).

Flétan à la sauce verte
Suivez la recette de base, en supprimant la sauce tomate. Mixez 5 gousses
d'ail au robot ménager. En laissant l'appareil tourner, ajoutez 1 bouquet
de persil frais et 1 bouquet de coriandre fraîche. Lorsque la préparation
est fine et homogène, transférez-la dans un bol, ajoutez le jus de 2 citrons,
4 c. à s. d'huile d'olive et 4 c. à s. de vinaigre de cidre. Salez, poivrez.

Thon à la sauce tomate
Suivez la recette de base, en remplaçant le flétan par des steaks de thon
de 175 g (6 oz) chacun. Faites-les cuire 2 à 4 min sur chaque face.

Variantes

Nouilles comme à Singapour

Recette de base p. 158

Riz sauté comme à Singapour

Suivez la recette de base, en supprimant les vermicelles de riz. Faites cuire 175 g (1 tasse) de riz thaï en suivant les instructions figurant sur l'emballage. Égouttez-le et mélangez-le avec l'œuf. Ajoutez 1 c. à t. d'huile de sésame et mélangez de nouveau. Servez le mélange sauté sur le riz.

Nouilles comme à Singapour végétariennes

Suivez la recette de base, en remplaçant la viande et les crevettes par 350 g (11,5 oz) de tofu coupé en dés.

Nouilles comme à Singapour pimentées

Suivez la recette de base, en ajoutant 1 piment rouge épépiné et coupé en dés en même temps que les poivrons. Parsemez la préparation de 1 piment rouge épépiné et émincé. Servez avec des quartiers de citron.

Nouilles à l'aigre-douce

Suivez la recette de base, en remplaçant la sauce par celle des saucisses laquées à l'ananas, p. 150.

Lotte et tapenade aux agrumes

Recette de base p. 161

Lotte grillée et beurre pimenté au citron vert

Suivez la recette de base, en supprimant la tapenade et en servant la lotte
avec un morceau de beurre pimenté au citron vert (voir p. 145).

Tacos de lotte grillée

Suivez la recette de base, en supprimant la tapenade. Remplacez le zeste
d'orange par du zeste de citron vert et ajoutez 1 pincée de piment en poudre
sur chaque filet. Émiettez le poisson cuit et servez-le sur des tacos avec
de fines rondelles de tomate et d'oignon rouge, des dés de poivron, de la laitue
émincée, de la coriandre ciselée et de la sauce pimentée (ou de la crème 35 %).

Lotte grillée à la sauce citronnée aux câpres

Suivez la recette de base, en supprimant la tapenade. Remplacez le zeste
d'orange par du zeste de citron. Pour la sauce, faites chauffer 65 g (¼ tasse) de
beurre, 1 gousse d'ail pressée, 3 filets d'anchois écrasés, le zeste râpé et le jus
de 1 citron, 2 c. à s. de câpres, 1 c. à s. de persil frais ciselé et du poivre noir.

Poulet à la tapenade aux agrumes

Suivez la recette de base, en remplaçant la lotte par du poulet cuit suivant
les instructions de la recette p. 105, mais en supprimant le citron et le thym.
Servez avec la tapenade.

Variantes

Croquettes de crabe, sauce antillaise

Recette de base p. 162

Croquettes de crabe au gingembre
Suivez la recette de base, en ajoutant 25 g (0,75 oz) de gingembre frais, épluché et râpé et ¼ de c. à t. de Tabasco® dans la préparation au crabe.

Croquettes de crabe aux crevettes
Suivez la recette de base, en utilisant seulement 225 g (7,5 oz) de chair de crabe et en ajoutant 225 g (7,5 oz) de crevettes décortiquées coupées en petits morceaux.

Croquettes de poisson
Suivez la recette de base, en remplaçant la chair de crabe par du poisson blanc cuit et émietté, du cabillaud par exemple. Ajoutez éventuellement quelques crevettes.

Canapés de croquettes de crabe
Suivez la recette de base, en divisant par deux la taille des croquettes de crabe. Écrasez légèrement la sauce et déposez ½ c. à t. sur chaque croquette. Ajoutez un petit brin de persil.

Variantes

Papillotes de poisson

Recette de base p. 164

Papillotes de poisson au fenouil et à l'orange
Suivez la recette de base. Pour la base de légumes, faites blanchir 1 gros
bulbe de fenouil coupé en fines rondelles pendant 2 min. Répartissez-le dans
les 4 papillotes avec 1 petit oignon blanc émincé, 4 c. à s. de persil et le zeste
et la chair de 1 orange. Remplacez les rondelles de citron par des rondelles
d'orange.

Papillotes de poisson aux tomates aux herbes
Suivez la recette de base. Pour la base de légumes, répartissez 1 boîte
de 400 g (13,5 oz) de tomates pelées et 1 petit oignon rouge coupé en
rondelles dans les papillotes. Ajoutez ensuite 1 c. à s. de tomates séchées
émincées, du basilic et du vin blanc ou du jus de citron. Salez et poivrez.

Papillote de poisson aux champignons, à l'ail et au gingembre
Suivez la recette de base. Pour la base de légumes, répartissez 100 g (3,5 oz) de
champignons de Paris dans les papillotes. Ajoutez 2 c. à s. de gingembre râpé,
1 gousse d'ail pressée, 4 c. à s. de sauce tamari et 1 c. à t. d'huile de sésame.

Papillotes de crevettes
Suivez la recette de base, en remplaçant le poisson par 700 g (1,5 lb) de
grosses crevettes décortiquées. Faites cuire les papillotes 8 à 10 min environ.

Variantes

Pétoncles panés

Recette de base p. 165

Bâtonnets de poisson pané

Suivez la recette de base pour la panure. Préchauffez le four à 400 °F
(200 °C). Remplacez les pétoncles par 500 g (1,1 lb) de filets de poisson à
chair ferme coupés en bâtonnets de 3 cm (1 ⅛ po). Roulez-les dans la farine.
Trempez-les ensuite dans l'œuf battu, puis dans la panure. Déposez-les sur
une plaque et enfournez-les pour 15 min environ.

Pétoncles panés aux herbes

Suivez la recette de base, en ajoutant 4 c. à s. d'aneth ciselé et 4 c. à s.
de ciboulette ciselée dans la panure.

Pétoncles panés à la créole

Suivez la recette de base, en supprimant le parmesan dans la chapelure
et en ajoutant 3 c. à t. d'épices créoles et 1 c. à t. de Tabasco®.

Pétoncles panés, trempette crémeuse à l'ail

Suivez la recette de base, en ajoutant 1 gousse d'ail pressée dans la panure.
Mettez 4 gousses d'ail pressées dans une petite casserole avec 12,5 cl (½ tasse)
de vin blanc, portez à frémissement et laissez mijoter 2 min. Incorporez 12,5 cl
(½ tasse) de crème 35 %, réchauffez, salez, poivrez. Servez cette trempette
chaude avec les pétoncles panés.

Variantes

Soles meunières toutes simples

Recette de base p. 166

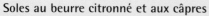

Soles au beurre citronné et aux câpres
Suivez la recette de base, en ajoutant 1 c. à s. de câpres dans chaque tournée
de cuisson du poisson.

Soles meunières à l'huile d'olive
Suivez la recette de base, en remplaçant le beurre par de l'huile d'olive.

Soles à l'ail et au paprika
Suivez la recette de base, en remplaçant le poivre par du paprika. Ajoutez
½ c. à t. d'ail pressé dans la sauteuse, avec le beurre.

Soles grillées au citron
Préchauffez le gril. Tapissez une grille de papier d'aluminium. Préparez
le poisson en supprimant la farine. Déposez-le sur la grille, côté peau sur
le dessus. Faites fondre 4 c. à s. de beurre avec 1 c. à t. de zeste de citron.
Badigeonnez le poisson de ce mélange. Faites-le griller 2 ou 3 min, retournez-le
à l'aide d'une spatule, arrosez-le de beurre fondu et poursuivez la cuisson
2 ou 3 min. Arrosez-le de 2 c. à s. de jus de citron, parsemez-le de 1 c. à s.
de persil ciselé et servez.

Pâtes

Les pâtes s'accommodent de mille et une façons.

On ne compte plus le nombre de recettes de sauces

à travers le monde, même si la plupart d'entre

nous préfèrent s'en tenir à une bonne plâtrée

de bolognaises ou de carbonara ! Les recettes qui

suivent, qu'elles soient classiques ou plus originales,

ont toutes été sélectionnées pour leur rapidité

d'exécution.

Spaghettis carbonara

Pour 4 personnes

Cette recette italienne classique étant confectionnée avec de l'œuf presque cru,
elle est déconseillée aux femmes enceintes et aux personnes immunodéprimées.

150 g (5 oz) de spaghettis
Sel
1 c. à s. d'huile d'olive
225 g (7,5 oz) de pancetta, de lardons fumés
    ou de jambon sec

4 œufs
12,5 cl (½ tasse) de crème liquide
100 g (3,5 oz) de parmesan ou de pecorino,
    râpé
Poivre noir

Mettez les spaghettis dans une grande casserole d'eau bouillante légèrement salée, avec
l'huile d'olive. Laissez-les cuire 10 min à la reprise de l'ébullition – ou suivez les instructions
figurant sur l'emballage.

Pendant ce temps, coupez la pancetta en dés. Faites-la cuire à sec dans une poêle,
jusqu'à ce qu'elle soit croustillante (si vous utilisez du jambon sec, supprimez cette
étape). Battez les œufs avec la crème, incorporez les deux tiers du fromage et poivrez
généreusement.

Lorsque les pâtes sont cuites, égouttez-les soigneusement puis remettez-les dans la casserole.
Ajoutez le mélange aux œufs et la pancetta, avec toute la graisse de cuisson. Mélangez
rapidement afin que l'œuf cuise un peu au contact des spaghettis chauds. Parsemez
du fromage restant et servez immédiatement.

Voir variantes p. 190

Fettucines au bleu et aux tomates

Pour 4 personnes

Accompagnez ces savoureuses fettucines d'une salade verte et d'un verre de vin blanc bien frais.

150 g (5 oz) de fettucines
Sel
2 c. à s. d'huile d'olive
1 oignon de taille moyenne, épluché
    et émincé
1 gousse d'ail, pressée
225 g (7,5 oz) de gorgonzola ou de bleu,
    émietté

4 c. à s. de crème 35 %
    ou de yogourt à la grecque
125 g (4 oz) de tomates cerises, coupées en 2
2 c. à s. de sauge ou de persil frais, ciselés
Poivre noir
Parmesan râpé

Jetez les fettucines dans une grande casserole d'eau bouillante légèrement salée, avec 1 c. à s. d'huile d'olive. Laissez-les cuire 8 min à la reprise de l'ébullition – ou suivez les instructions figurant sur l'emballage. Égouttez-les, en réservant un peu d'eau de cuisson. Pendant ce temps, faites revenir l'oignon 5 min dans une casserole, avec l'huile d'olive restante, sur feu moyen. Ajoutez l'ail et poursuivez la cuisson 2 min. Versez 4 c. à s. d'eau de cuisson des pâtes, parsemez de fromage émietté et laissez-le fondre un peu à feu doux. Incorporez la crème (ou le yogourt) et les tomates. Réchauffez le tout sans porter à ébullition. Ajoutez les pâtes, la sauge (ou le persil) et mélangez bien. Poivrez généreusement et, au moment de servir, saupoudrez de parmesan.

Voir variantes p. 191

Fusillis au chorizo

Pour 3 personnes

Cette sauce épicée et gourmande peut se préparer à l'avance. Si vous n'avez pas de fusillis, utilisez des pennes ou des spiralis, par exemple.

Sel
225 g (7,5 oz) de chorizo fort
1 oignon rouge de taille moyenne, émincé
1 feuille de laurier
1 c. à s. de romarin frais, ciselé
   (ou 1 c. à t. de romarin séché)
30 cl (1 ⅓ tasse) de vin rouge ou de bouillon
   de volaille

600 g (1,3 lb) de tomates pelées, en conserve
1 c. à s. de pâte de tomates
1 c. à t. de piment doux en poudre
150 g (5 oz) de fusillis
1 c. à s. d'huile
4 c. à s. de crème 35 %
2 c. à s. de parmesan râpé

Portez une grande casserole d'eau légèrement salée à ébullition.

Retirez la peau du chorizo et coupez-le en petits morceaux. Faites-le griller dans une sauteuse sur feu moyen à vif, jusqu'à ce qu'il soit légèrement doré. Retirez-le à l'aide d'une écumoire et réservez-le au chaud. Jetez la graisse de cuisson, à l'exception de 1 c. à s., et ajoutez l'oignon, le laurier et le romarin. Faites-les cuire 5 min, jusqu'à ce que l'oignon soit tendre. Versez le vin ou le bouillon et laissez bouillir 2 min en déglaçant la sauteuse avec une cuillère en bois. Incorporez les tomates, la pâte de tomates et le piment. Salez légèrement. Portez à ébullition, baissez le feu et laissez mijoter pendant la cuisson des pâtes.

Jetez les fusillis dans une grande casserole d'eau bouillante légèrement salée, avec l'huile. Laissez-les cuire 10 min à la reprise de l'ébullition – ou suivez les instructions figurant sur l'emballage.

Mélangez le contenu de la sauteuse avec la crème et le chorizo. Rectifiez l'assaisonnement. Versez cette sauce sur les pâtes et parsemez de parmesan.

Voir variantes p. 192

Farfalles au saumon et au brocoli

Pour 4 personnes

Ce plat est tout indiqué pour un petit dîner entre amis. Essayez si possible de le préparer avec des farfalles fraîches.

Sel
225 g (7,5 oz) de brocolis, coupés en petits morceaux
150 g (5 oz) de farfalles
1 c. à s. d'huile d'olive
2 c. à s. de beurre

225 g (7,5 oz) de poireaux, coupés en rondelles
12,5 cl (½ tasse) de crème 35 %
225 g (7,5 oz) de saumon fumé, coupé en morceaux
2 c. à s. d'aneth frais, ciselé
Poivre noir

Portez une grande casserole d'eau légèrement salée à ébullition, ajoutez les brocolis et blanchissez-les 2 min. Retirez-les de l'eau en la laissant bouillir. Rincez-les à l'eau froide et réservez-les. Jetez les farfalles dans l'eau bouillante, avec l'huile. Laissez-les cuire 10 min à la reprise de l'ébullition – ou suivez les instructions figurant sur l'emballage. Environ 5 min avant la fin du temps de cuisson des pâtes, ajoutez les brocolis. Pendant ce temps, faites fondre le beurre dans une sauteuse, incorporez les poireaux et laissez-les cuire 5 min environ, jusqu'à ce qu'ils soient tendres.

Égouttez les pâtes et les brocolis et remettez-les dans la casserole. Ajoutez les poireaux et la crème. Faites chauffer le tout sans porter à ébullition, retirez du feu, incorporez le saumon et l'aneth et parsemez de poivre noir.

Voir variantes p. 193

Pasta alla norma

Pour 2 personnes

Ce sont toutes les saveurs de la Sicile que l'on retrouve dans ce plat ensoleillé.

1 aubergine de taille moyenne
4 c. à s. d'huile d'olive
2 gousses d'ail, pressées
Sel
50 g (1,5 oz) de spaghettis
12,5 cl (½ tasse) de vin rouge
1 boîte de 400 g (13,5 oz) de coulis de tomates
1 c. à t. de vinaigre balsamique

1 c. à t. de sucre
½ c. à s. d'origan frais, ciselé
    ou 1 c. à t. d'origan séché
Poivre noir
4 c. à s. de basilic frais, ciselé
4 c. à s. de parmesan râpé

Coupez l'aubergine en 2, taillez la chair en morceaux d'environ 1,5 cm (⅝ po) de long et 1 cm (⅜ po) de large. Faites chauffer 3 c. à s. d'huile d'olive dans une sauteuse ou un wok. Ajoutez l'aubergine et laissez-la cuire sur feu moyen à vif, en mélangeant régulièrement, jusqu'à ce qu'elle soit dorée et tendre. Environ 2 min avant la fin du temps de cuisson, incorporez l'ail.
Jetez les spaghettis dans une grande casserole d'eau bouillante légèrement salée, avec l'huile d'olive restante. Laissez-les cuire 10 min à la reprise de l'ébullition – ou suivez les instructions figurant sur l'emballage. Égouttez les pâtes, en réservant un peu d'eau de cuisson.
Pendant la cuisson des pâtes, versez le vin rouge dans la sauteuse avec l'aubergine et portez à ébullition. Ajoutez le coulis de tomates, le vinaigre, le sucre et l'origan. Salez, poivrez. Réduisez le feu et laissez mijoter 10 min. Incorporez le basilic, en ajoutant un peu d'eau de cuisson des pâtes pour diluer la sauce si elle est trop épaisse.
Servez cette sauce sur les spaghettis et parsemez de parmesan.

Voir variantes p. 194

Pasta primavera

Pour 4 personnes

Si vous ne disposez que de peu de temps, achetez des légumes surgelés prêts à cuisiner.
Ces pâtes seront délicieuses avec du fromage de chèvre émietté.

150 g (5 oz) de tagliatelles
Sel
3 c. à s. d'huile d'olive
125 g (4 oz) de mini-carottes, coupées
    en morceaux de 6 mm (¼ po)
125 g (4 oz) d'asperges fines
125 g (4 oz) de petits pois, écossés

125 g (4 oz) de pousses d'épinards
3 oignons nouveaux, coupés en rondelles
Le zeste et le jus de ½ citron
2 c. à s. de menthe fraîche, ciselée
2 c. à s. d'aneth ou d'estragon frais, ciselé
2 c. à s. de persil frais, ciselé
Poivre noir

Jetez les tagliatelles dans une grande casserole d'eau bouillante légèrement salée,
avec 1 c. à s. d'huile d'olive. Laissez-les cuire 10 min à la reprise de l'ébullition – ou suivez
les instructions figurant sur l'emballage.
Posez un panier vapeur ou une passoire résistant à la chaleur sur la casserole de pâtes.
Mettez les légumes dans le panier, couvrez et faites-les cuire à la vapeur. Comptez 6 min
pour les carottes, 4 min pour les asperges et les petits pois et 2 min pour les pousses
d'épinards et les oignons nouveaux. Égouttez les pâtes lorsqu'elles sont *al dente*, en réservant
un peu de leur eau de cuisson.
Remettez les pâtes dans la casserole. Ajoutez les légumes vapeur, un peu d'eau de cuisson
des pâtes, le zeste et le jus de citron et les herbes fraîches. Salez, poivrez. Arrosez du reste
d'huile d'olive et servez.

Voir variantes p. 195

Gnocchis aux épinards et aux noix

Pour 4 personnes

Les gnocchis sont parfaits pour préparer un dîner quasi instantané. En général vendus sous vide, ils se conservent longtemps et pourront donc vous dépanner à tout moment. Ils se congèlent également très bien.

500 g (1,1 lb) de gnocchis	2 gousses d'ail, pressées
2 c. à s. de beurre	300 g (10 oz) de pousses d'épinards
1 c. à s. d'huile d'olive	Sel et poivre
4 c. à s. de cerneaux de noix	4 c. à s. de parmesan râpé

Faites cuire les gnocchis 2 min dans une casserole d'eau bouillante, ou suivez les instructions figurant sur l'emballage. Égouttez-les en réservant un peu d'eau de cuisson. Réservez-les au chaud.

Pendant ce temps, faites chauffer le beurre et l'huile d'olive dans une grande sauteuse. Faites-y griller les noix pendant 2 min, en mélangeant de temps en temps. Ajoutez l'ail pressé et poursuivez la cuisson 2 min – les noix doivent être bien dorées.

Incorporez les gnocchis, un peu d'eau de cuisson et les pousses d'épinards. Faites cuire le tout, sans cesser de remuer, jusqu'à ce que les épinards soient tombés. Salez, poivrez et parsemez de parmesan.

Voir variantes p. 196

Pâtes crémeuses au thon

Pour 4 personnes

Cette recette consistante plaira à coup sûr aux enfants comme aux adultes. Utilisez
du lait écrémé et du fromage allégé si vous souhaitez diminuer l'apport calorique.

150 g (5 oz) de pennes ou de macaronis
Sel
4 c. à s. d'huile d'olive
60 cl (2 ²/₃ tasses) de lait
3 c. à s. de farine tamisée
1 pincée de poivre de Cayenne
50 g (1,5 oz) de cheddar ou de parmesan
1 c. à t. de moutarde de Dijon

1 c. à t. de sauce Worcestershire
125 g (4 oz) de maïs en grains
125 g (4 oz) de petits pois surgelés
2 boîtes de 200 g (6,5 oz) de thon au naturel,
    égoutté
Poivre noir
Persil ciselé

Jetez les pennes ou les macaronis dans une grande casserole d'eau bouillante légèrement
salée, avec 1 c. à s. d'huile d'olive. Laissez-les cuire 12 min à la reprise de l'ébullition
– ou suivez les instructions figurant sur l'emballage.

Mettez le lait, l'huile d'olive restante, la farine et le poivre de Cayenne dans une casserole
de taille moyenne et fouettez jusqu'à ce que la préparation soit homogène. Portez lentement
à ébullition, sans cesser de fouetter. La sauce va épaissir en bouillonnant. Ajoutez le fromage,
la moutarde, la sauce Worcestershire, le maïs, les petits pois et le thon. Salez, poivrez
et laissez cuire 5 min, jusqu'à ce que le maïs et les petits pois soient chauds.

Remettez les pâtes dans la casserole et mélangez-les avec la sauce. Parsemez de persil et servez.

Voir variantes p. 197

Variantes

Spaghettis carbonara

Recette de base p. 177

Spaghettis carbonara au saumon fumé
Suivez la recette de base, en remplaçant la pancetta par des morceaux
de saumon fumé – ne le faites pas précuire.

Spaghettis carbonara aux haricots verts
Suivez la recette de base. Faites cuire 225 g (7,5 oz) de haricots verts dans
un cuit-vapeur (ou dans une passoire placée au-dessus de la casserole de
spaghettis) pendant 8 min environ. Mélangez-les avec les pâtes cuites.

Spaghettis carbonara aux noix
Suivez la recette de base, en ajoutant 75 g (⅔ tasse) de noix hachées dans
les pâtes en même temps que la pancetta cuite.

Spaghettis carbonara aux épinards
Suivez la recette de base. Lorsque la pancetta est cuite, retirez-la de
la poêle et faites-y revenir 175 g (6 oz) de pousses d'épinards pendant 2 min,
jusqu'à ce qu'elles soient tendres. Ajoutez-les aux pâtes en même temps que
la pancetta.

Variantes

Fettucines au bleu et aux tomates

Recette de base p. 179

Fettucines au bleu et aux noix
Suivez la recette de base, en remplaçant les tomates par 100 g (1 tasse) de noix grillées hachées.

Fettucines au bleu et aux épinards
Suivez la recette de base. Lorsque les pâtes sont presque cuites, ajoutez 225 g (7,5 oz) de pousses d'épinards ou d'épinards hachés surgelés, décongelés et égouttés. Mélangez. Dès que les épinards sont complètement tombés (moins de 1 min), égouttez-les rapidement et poursuivez la recette comme indiqué.

Fettucines au bleu, sauce aux artichauts
Suivez la recette de base, en remplaçant les tomates par 1 boîte de 400 g (13,5 oz) de cœurs d'artichaut égouttés, rincés et émincés.

Fettucines au bleu, au lard et aux tomates
Suivez la recette de base, en faisant cuire 3 tranches de lard coupées en petits morceaux avec les oignons.

Fusillis au chorizo

Recette de base p. 180

Fusillis au chorizo léger
Suivez la recette de base, en faisant cuire le chorizo à feu doux pour éliminer le plus de graisse possible. Remplacez la crème 35 % par de la crème de soya.

Fusillis très épicés au chorizo
Suivez la recette de base, en supprimant les piments séchés et en ajoutant 2 piments frais épépinés et émincés ou 2 c. à s. de piments jalapeños en bocal émincés avec l'oignon, à mi-cuisson.

Riz au chorizo et au maïs
Suivez la recette de base, en ajoutant 250 g (8 oz) de maïs en grains dans la sauce tomate, et en remplaçant les fusillis par du riz.

Fusillis à la sauce à la saucisse et aux lardons
Suivez la recette de base, en remplaçant le chorizo par 225 g (7,5 oz) de saucisse et en faisant griller des lardons fumés.

Variantes

Farfalles au saumon et au brocoli

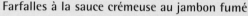

Recette de base p. 182

Farfalles à la sauce crémeuse au jambon fumé
Suivez la recette de base, en remplaçant le saumon et l'aneth par du jambon
fumé et de la sauge séchée.

Farfalles à la sauce crémeuse aux fruits de mer
Suivez la recette de base, en utilisant 225 g (7,5 oz) de cocktail de fruits de mer
(crevettes, coques, moules ou encornets). Une fois que les poireaux sont cuits,
réservez-les au chaud. Ajoutez les fruits de mer et 1 c. à s. de beurre dans
la sauteuse et faites cuire le tout de 3 à 5 min. Poursuivez la recette comme
indiqué.

Farfalles à la sauce crémeuse au saumon et aux petits pois
Suivez la recette de base, en remplaçant les brocolis par 250 g (8 oz) de petits
pois surgelés – ajoutez-les dans les pâtes 3 min avant la fin du temps de cuisson.

Farfalles à la sauce crémeuse aux champignons
Suivez la recette de base, en supprimant le saumon et les brocolis. Faites cuire
125 g (4 oz) de champignons dans 12,5 cl (½ tasse) de vin blanc, jusqu'à ce
que le liquide ait réduit de moitié et que les champignons soient tendres.
Ajoutez cette préparation dans les pâtes en même temps que la crème.
Remplacez l'aneth par de la sauge ou de l'estragon.

Variantes

Pasta alla norma

Recette de base p. 183

Pâtes à la courgette et aux tomates
Suivez la recette de base, en remplaçant l'aubergine par 2 courgettes
de taille moyenne coupées en rondelles de 5 mm (¼ po) environ.

Pasta alla norma à la ricotta
Suivez la recette de base, en remplaçant le parmesan par 225 g (7,5 oz)
de ricotta.

Pasta alla norma rapide
Suivez la recette de base, en utilisant 300 g (10 oz) d'aubergines
préalablement grillées. Réchauffez-les dans 2 c. à s. d'huile d'olive.

Pâtes à la caponata
Suivez la recette de base, en ajoutant au coulis de tomates 8 olives noires
dénoyautées, 2 c. à s. de câpres, 1 c. à s. de raisins de Corinthe et ¼ de
poivron vert coupé en dés. Augmentez la quantité de vinaigre balsamique
(1 c. à s.). Utilisez seulement 2 c. à s. de basilic.

Pasta primavera

Recette de base p. 185

Pâtes aux légumes crémeux
Suivez la recette de base, en ajoutant 15 cl (⅔ tasse) de crème 35 %, de yogourt à la grecque ou de crème de soya dans les légumes vapeur et les pâtes. Réduisez la quantité de jus de citron à 1 c. à s., et n'arrosez pas le plat d'huile d'olive au moment de servir.

Pâtes aux légumes surgelés
Suivez la recette de base, en remplaçant les légumes frais par 300 g (10 oz) de jardinière de légumes surgelée, cuite en suivant les instructions figurant sur l'emballage.

Salade de pâtes primavera
Suivez la recette de base, en remplaçant les tagliatelles par des farfalles ou des conchiglies. Ne faites pas cuire les oignons nouveaux. Lorsque les légumes sont cuits, plongez-les dans l'eau froide pour les refroidir rapidement. Mélangez les pâtes froides, les légumes, les oignons nouveaux et le reste des ingrédients.

Pasta primavera aux crevettes
Suivez la recette de base. Faites cuire 12 à 16 grosses crevettes décortiquées dans 1 c. à s. d'huile pendant 3 ou 4 min, jusqu'à ce qu'elles soient opaques. Mélangez-les avec les légumes et les pâtes.

Variantes

Gnocchis aux épinards et aux noix

Recette de base p. 186

Gnocchis au pesto et aux noix
Suivez la recette de base en supprimant les épinards. Préparez le pesto en mixant les noix et l'ail au robot ménager; ajoutez le beurre fondu, 4 c. à s. d'huile d'olive, 1 bouquet de basilic frais et 125 g (4 oz) de parmesan. Mixez jusqu'à ce que la préparation soit homogène. Mélangez les gnocchis cuits avec 2 c. à s. d'eau de cuisson et 2 c. à s. de crème liquide et le pesto. Salez et poivrez.

Gnocchis à la sauce tomate aux épinards
Suivez la recette de base, en supprimant les noix. Servez les gnocchis avec une sauce tomate (voir introduction, p. 15) et parsemez-les de parmesan.

Gnocchis au beurre noisette et à la sauge
Suivez la recette de base, en supprimant les épinards et l'huile d'olive. Augmentez la quantité de beurre (75 g – ⅓ tasse). Ajoutez environ 20 petites feuilles de sauge dans les noix et faites-les cuire jusqu'à ce que la sauge soit croustillante et que le beurre devienne noisette.

Gnocchis à la sauce crémeuse aux épinards et aux noix
Suivez la recette de base, en ajoutant 12,5 cl (½ tasse) de crème 35 % dès que les épinards sont tombés. Portez à ébullition.

Variantes

Pâtes crémeuses au thon

Recette de base p. 189

Gratin de pâtes au thon
Suivez la recette de base, en disposant les pâtes et la sauce dans un plat
à gratin. Mélangez 65 g (⅔ tasse) de chapelure, 25 g (¾ tasse) de cheddar râpé
et 2 c. à s. d'huile d'olive. Parsemez les pâtes de ce mélange et enfournez sous
le gril chaud. Laissez chauffer jusqu'à ce que le dessus du gratin soit doré
et croustillant.

Gratin de pâtes au thon et au fromage frais
Suivez la recette de base. Supprimez le lait, la farine et 3 c. à s. d'huile d'olive.
Préparez la sauce en faisant chauffer 225 g (7,5 oz) de fromage frais et 30 cl
(1 ⅓ tasse) de bouillon de volaille. Ajoutez les ingrédients restants.

Pâtes au thon à la tomate et au maïs
Suivez la recette de base. Supprimez le lait, le lait, la farine, 3 c. à s. d'huile
et la moutarde. Préparez une sauce tomate (voir introduction, p. 15) ou utilisez
une sauce tomate prête à l'emploi. Ajoutez les ingrédients restants.

Pâtes au thon à la méditerranéenne
Préparez la variante ci-dessus, en supprimant le maïs. Ajoutez ½ poivron vert
et ½ poivron rouge taillés en dés, 1 petit oignon émincé et 12 olives noires
coupées en 2 dans la sauce tomate.

Végétariens

Cuisinez dès que possible des plats sans viande,

diététiques et excellents pour toute la famille.

Les recettes proposées dans ce chapitre sont très

variées : outre les déclinaisons autour des légumes

frais, vous trouverez de nombreuses préparations

à base d'œufs ou encore de légumes secs.

Peperonata et polenta grillée

Pour 4 personnes

Ce plat italien très goûteux se déguste aussi bien chaud que tiède. La peperonata est ici servie avec un produit très pratique pour les repas improvisés : de la polenta prête à l'emploi.

3 c. à s. d'huile d'olive
1 gros oignon blanc, coupé en fines rondelles
1 gousse d'ail, coupée en fines rondelles
1 poivron rouge, épépiné et coupé en lamelles
1 poivron jaune, épépiné et coupé en lamelles
1 pincée de piment doux en poudre

1 boîte de 400 g (13,5 oz) de tomates pelées
¼ de c. à t. de sucre
Sel et poivre noir
500 g (1,1 lb) de polenta prête à l'emploi
2 c. à s. de beurre ou d'huile d'olive

Faites chauffer l'huile dans une casserole peu profonde ou dans une sauteuse. Faites-y revenir l'oignon pendant 5 min à feu moyen, jusqu'à ce qu'il soit tendre. Ajoutez l'ail, les poivrons et le piment et laissez cuire 3 ou 4 min, en remuant fréquemment, jusqu'à ce que les légumes commencent à devenir tendres. Incorporez les tomates et le sucre. Salez, poivrez. Portez à frémissement et poursuivez la cuisson 10 min environ à feu doux, en mélangeant de temps en temps.

Pendant ce temps, découpez la polenta en tranches de 5 mm (³/₁₆ po). Faites-la revenir dans le beurre ou l'huile d'olive pendant 5 à 7 min, jusqu'à ce qu'elle soit dorée et croustillante.

Voir variantes p. 217

Champignons aux pommes de terre

Pour 4 personnes

Pour alléger un peu ce plat gourmand et crémeux, utilisez de la crème de soya, le résultat sera tout aussi délicieux. Servez-le accompagné de tomates sautées ou d'une salade de tomates.

500 g (1,1 lb) de pommes de terre nouvelles,
    coupées en 2 ou en 4 selon leur taille
2 c. à s. d'huile d'olive
3 gousses d'ail, épluchées et coupées en 2
225 g (7,5 oz) de champignons mélangés,
    champignons de Paris, shiitakes et pleurotes,
    par exemple

3 brins de thym frais
    (ou 1 c. à t. de thym séché)
15 cl (²/₃ tasse) de crème 35 %
Sel et poivre noir

Portez une grande casserole d'eau à ébullition. Plongez-y les pommes de terre et faites-les cuire 15 à 20 min après la reprise de l'ébullition, à couvert. Égouttez-les.

Pendant ce temps, faites chauffer l'huile d'olive dans une petite poêle. Faites-y revenir l'ail, les champignons et le thym pendant 3 ou 4 min, jusqu'à ce que les champignons soient tendres. Ajoutez la crème, salez, poivrez et portez à ébullition. Laissez mijoter 7 à 10 min – la sauce doit réduire d'environ un tiers.

Écrasez légèrement les pommes de terre et mélangez-les avec les champignons à la crème.

Voir variantes p. 218

Chili végétarien

Pour 4 personnes

Cette recette est un grand classique de la cuisine végétarienne, et ce pour plusieurs raisons : elle est délicieuse, saine, nutritive et économique. Si vous aimez un chili bien épicé, ouvrez les piments afin d'en libérer les pépins.

3 c. à s. d'huile de tournesol
1 c. à t. de cumin moulu
1 c. à t. de coriandre moulue
2 gousses d'ail, pressées
2 oignons de taille moyenne,
   coupés en rondelles
1 poivron rouge, épépiné et coupé en lamelles
1 poivron vert, épépiné et coupé en lamelles
1 grosse courgette, coupée en morceaux

2 piments rouges séchés
1 boîte de 400 g (13,5 oz) de tomates pelées
125 g (4 oz) de maïs en grains
2 c. à s. de pâte de tomates
1 boîte de 400 g (13,5 oz) de haricots rouges,
   rincés et égouttés
1 c. à s. de paprika
Sel et poivre noir
Crème 35 %, pour l'accompagnement

Faites chauffer l'huile dans une grande casserole. Ajoutez le cumin, la coriandre, l'ail, les oignons, les poivrons, la courgette et les piments. Faites revenir le tout 3 ou 4 min puis incorporez les tomates, le maïs, la pâte de tomates et les haricots rouges. Portez à ébullition sur feu vif, réduisez le feu et laissez mijoter 15 min.

Versez le paprika, salez et poivrez. Servez ce plat avec du riz ou des chips tortillas et accompagnez-le d'un ramequin de crème 35 %.

Voir variantes p. 219

Tagine de citrouille aux pois chiches et aux pruneaux

Pour 4 ou 5 personnes

Ce tagine d'inspiration orientale est suffisamment raffiné pour être servi à une tablée de gourmets végétariens. Accompagnez-le de semoule de couscous.

3 c. à s. d'huile de tournesol
1 oignon rouge, finement émincé
1 gousse d'ail, pressée
1 c. à t. de cumin moulu
1 c. à t. de coriandre moulue
½ c. à t. de cannelle moulue
1 c. à s. de harissa
300 g (10 oz) de citrouille ou de courge butternut, coupés en morceaux de 2 cm (¾ po)

300 g (10 oz) de pommes de terre, coupées en morceaux de 2 cm (¾ po)
1 boîte de 400 g (13,5 oz) de tomates pelées
25 cl (1 tasse) de bouillon de légumes
1 boîte de 400 g (13,5 oz) de pois chiches
100 g (3,5 oz) de pruneaux dénoyautés
2 courgettes de taille moyenne, coupées en rondelles
300 g (10 oz) de semoule de couscous

Faites chauffer l'huile dans un plat à tagine ou dans une grande sauteuse. Faites-y revenir l'oignon pendant 3 min sur feu moyen. Ajoutez l'ail et laissez cuire 2 min. Incorporez le cumin, la coriandre, la cannelle et la harissa et poursuivez la cuisson 1 min.

Ajoutez la citrouille ou la courge butternut, les pommes de terre, les tomates, le bouillon et les pois chiches. Laissez cuire 10 min, puis incorporez les pruneaux et les courgettes. Poursuivez la cuisson 10 min. Pendant ce temps, faites cuire la semoule en suivant les instructions figurant sur l'emballage. Servez bien chaud.

Voir variantes p. 220

Huevos revueltos mexicali

Pour 4 personnes

Servez ces œufs brouillés à la tomate et au piment sur une tortilla de maïs, pour confectionner un burrito, ou dans un taco, éventuellement accompagnés de haricots rouges et d'un peu de sauce pimentée. Si vous êtes vraiment pressé, remplacez les légumes frais par une sauce salsa mexicaine prête à l'emploi que vous n'aurez qu'à réchauffer.

6 œufs
Sel
1 c. à s. de beurre ou de saindoux
1 tomate de taille moyenne,
    coupée en morceaux

½ petit oignon, émincé
1 gousse d'ail, pressée
1 ou 2 piments doux, épépinés et émincés
2 c. à s. de coriandre fraîche, ciselée

Cassez les œufs dans un bol et mélangez-les à la fourchette, sans les fouetter. Salez.

Faites fondre le beurre ou le saindoux dans une poêle à revêtement antiadhésif. Ajoutez la tomate, l'oignon, l'ail et le piment. Laissez cuire 5 min environ, en remuant fréquemment, jusqu'à ce que l'excédent de jus de la tomate ait été absorbé et que les oignons soient tendres.

Versez les œufs et poursuivez la cuisson, sans cesser de remuer, jusqu'à ce qu'ils aient pris. Parsemez de coriandre et servez.

Voir variantes p. 221

Curry d'épinards et de chou-fleur

Pour 2 personnes

Dans cette recette de curry classique à la saveur assez douce, les légumes, le lait de coco et les épices se marient harmonieusement. Ajoutez du piment si vous aimez les currys bien épicés.

2 c. à s. d'huile
1 gros oignon, coupé en rondelles
1 gousse d'ail
1 morceau de gingembre frais de 1 cm (³⁄₈ po), épluché et râpé, ou 1 c. à t. de pâte de gingembre
1 piment séché, facultatif

2 c. à s. de curry en poudre
1 chou-fleur de taille moyenne, détaillé en fleurettes
1 boîte de 400 g (13,5 oz) de tomates pelées
40 cl (1 ²⁄₃ tasse) de lait de coco
175 g (6 oz) de pousses d'épinards
1 filet de jus de citron

Faites chauffer l'huile dans une casserole. Faites-y revenir l'oignon pendant 3 min, sur feu moyen. Ajoutez l'ail et le gingembre et laissez cuire 2 min. Saupoudrez de piment (facultatif) puis de curry en poudre. Au bout de 1 min, incorporez le chou-fleur – mélangez pour bien l'enrober d'épices –, les tomates et le lait de coco. Poursuivez la cuisson 12 à 15 min, sur feu doux, jusqu'à ce que le chou-fleur soit tendre mais encore croquant.

Ajoutez les pousses d'épinards et 1 filet de jus de citron et laissez cuire 2 min, jusqu'à ce que les épinards soient tombés. Servez sans attendre.

Voir variantes p. 222

Frittata de pommes de terre

Pour 4 personnes

À la base, vous n'aurez besoin que de pommes de terre cuites, de quelques herbes fraîches et d'œufs pour préparer ce repas aussi délicieux que nutritif. Ajoutez ensuite tous les légumes que vous pourrez trouver dans votre réfrigérateur. Servez la frittata chaude ou tiède.

2 pommes de terre cuites de taille moyenne,
    coupées en rondelles
1 c. à t. d'huile d'olive
1 c. à t. de beurre, fondu
6 œufs

125 g (4 oz) de feta émiettée ou de cheddar
2 c. à s. d'herbes mélangées, ciselées
    (coriandre, basilic, ciboulette, aneth, persil)

Faites cuire les pommes de terre dans l'huile et le beurre, sur feu moyen, jusqu'à ce que la graisse commence à grésiller.

Préchauffez le gril. Battez les œufs dans un bol, ajoutez le fromage et les herbes. Versez cette préparation sur les pommes de terre.

Agitez la poêle pour que les œufs coulent entre les pommes de terre. Laissez cuire 10 min à feu doux ; le dessous de la frittata doit être ferme, le dessus encore coulant.

Enfournez et laissez cuire 5 min environ, jusqu'à ce que le dessus de la frittata soit bien doré.

Voir variantes p. 223

Champignons et pousses de bambou sautés

Pour 4 personnes

Ce plat d'inspiration asiatique, rehaussé d'une pointe de gingembre et de piment, est réellement exquis. Accompagnez-le de riz ou de nouilles.

150 g (5 oz) de champignons mélangés (shiitakes, pleurotes...)
2 c. à t. de fécule de maïs
3 c. à s. d'huile d'arachide ou de tournesol
1 morceau de 2,5 cm (1 po) de gingembre frais, épluché et coupé en petits bâtonnets
1 gousse d'ail, finement émincée
2 c. à s. de sauce soya

7,5 cl (⅓ tasse) de bouillon de légumes
1 c. à s. de vin de riz chinois
1 c. à t. de miel
¼ de c. à t. de piment doux en poudre
225 g (7,5 oz) de pousses de bambou
2 oignons nouveaux, finement émincés
Graines de sésame
1 c. à t. d'huile de sésame

Retirez le pied des champignons et nettoyez-les avec un morceau de papier absorbant humide. Délayez la fécule de maïs dans 1 c. à s. d'eau, réservez.

Faites chauffer l'huile dans un wok sur feu vif. Faites-y sauter le gingembre et l'ail pendant 1 min, puis ajoutez les champignons et laissez cuire 2 ou 3 min, jusqu'à ce que ces derniers aient rendu toute leur eau. Incorporez la sauce soya, le bouillon, le vin de riz, le miel, le piment et la fécule. Portez à ébullition et laissez cuire sans cesser de remuer, jusqu'à ce que la sauce ait épaissi.

Ajoutez les pousses de bambou et réchauffez. Parsemez d'oignons nouveaux et de graines de sésame, arrosez d'huile de sésame et servez immédiatement.

Voir variantes p. 224

Tarte aux courgettes et aux artichauts

Pour 4 personnes

Les pâtes à tarte prêtes à l'emploi, qu'elles soient fraîches ou surgelées, sont idéales lorsque vous êtes pressé. Choisissez-les de préférence pur beurre.

225 g (7,5 oz) de fromage frais
12,5 cl (½ tasse) de crème 35 %
4 c. à s. de basilic frais, ciselé
100 g (3,5 oz) de tomates séchées, émincées
250 g (8 oz) de mozzarella, coupée
    en petits morceaux
Sel et poivre

1 pâte brisée ou feuilletée de 20 cm
    (7 ⅞ po) de diamètre
2 courgettes
225 g (7,5 oz) d'artichauts en bocal, égouttés
    et coupés en morceaux
Huile d'olive nature ou aromatisée

Préchauffez le four à 375 °F (190 °C).

Mélangez le fromage frais, la crème 35 %, le basilic, la moitié des tomates séchées et la moitié de la mozzarella dans un bol. Salez, poivrez. Étalez cette préparation sur la pâte. À l'aide d'un économe, détaillez les courgettes en fines lamelles et répartissez-les sur le mélange à base de fromage. Ajoutez les artichauts, les tomates séchées et la mozzarella restantes. Arrosez d'huile d'olive.

Enfournez pour 15 min, jusqu'à ce que les légumes soient croustillants sur les bords et que la pâte soit bien dorée.

Voir variantes p. 225

Ragoût de haricots épicé

Pour 4 personnes

Les haricots en conserve se marient ici à des pimientos de piquillo, originaires du nord de l'Espagne. Si vous n'en trouvez pas, utilisez un bocal de piments doux. Servez ce plat sur un lit de riz pilaf ou de semoule, vous obtiendrez un repas original et savoureux.

2 c. à s. d'huile d'olive
1 oignon rouge de taille moyenne,
    coupé en rondelles
3 gousses d'ail, pressées
½ bocal de pimientos de piquillo, égouttés
1 boîte de 400 g (13,5 oz) de haricots cannellini
1 boîte de 400 g (13,5 oz) de haricots noirs

½ c. à t. de piment rouge en poudre
1 c. à s. d'origan frais ou de marjolaine, ciselés
12 cl (½ tasse) de bouillon de légumes
1 c. à s. de pâte de tomates
125 g (4 oz) de pousses d'épinards
2 c. à t. de jus de citron vert
Sel et poivre noir

Faites chauffer l'huile dans une casserole. Faites-y revenir l'oignon pendant 3 min sur feu moyen.

Ajoutez l'ail et laissez-le cuire 2 min, jusqu'à ce qu'il soit tendre. Incorporez les pimientos de piquillo, les haricots, le piment, l'origan ou la marjolaine, le bouillon et la pâte de tomates. Poursuivez la cuisson 5 min.

Ajoutez les pousses d'épinards. Au bout de 2 min, versez le jus de citron vert, salez, poivrez et servez.

Voir variantes p. 226

Omelette au fromage de chèvre, à la tomate et à l'avocat

Pour 1 personne

Voici la meilleure recette d'omelette qui soit ! Accompagnez-la d'un reste de pommes de terre sautées à la poêle avec quelques fines rondelles d'oignon et une salade de roquette.

2 œufs
Sel et poivre
1 c. à s. de beurre
5 tomates cerises, coupées en 2
    dans la hauteur

¼ d'avocat, épluché, dénoyauté et coupé
    en lamelles
2 c. à s. de fromage de chèvre, émietté

Préchauffez le gril du four. Battez les œufs dans un bol avec 1 c. à s. d'eau. Salez, poivrez. Faites chauffer l'assiette de service.

Faites fondre le beurre dans une poêle de taille moyenne, à revêtement antiadhésif. Versez les œufs dès que le beurre commence à mousser. Mélangez en repoussant les bords cuits vers le centre au fur et à mesure. Lorsque l'omelette est presque prise, ajoutez les tomates, l'avocat et le fromage de chèvre. Laissez cuire encore 1 min.

Passez l'omelette environ 2 min sous le gril, jusqu'à ce que le dessus soit juste pris. Pliez-la en 2 et servez immédiatement.

Voir variantes p. 227

Variantes

Peperonata et polenta grillée

Recette de base p. 199

Crêpes garnies à la peperonata
Suivez la recette de base, en supprimant la polenta. Répartissez la peperonata
sur 8 crêpes toutes prêtes, en plaçant la garniture bien au centre. Roulez-les
et disposez-les sur une plaque à pâtisserie. Parsemez de 50 g (1,5 oz) de
cheddar râpé et faites cuire au four à 350 °F (180 °C) pendant 10 min environ,
jusqu'à ce que le fromage soit bien doré.

Peperonata aux linguines
Suivez la recette de base, en supprimant la polenta. Faites cuire 150 g (5 oz)
de linguines en suivant les instructions figurant sur l'emballage. Servez
la peperonata sur les pâtes et parsemez de parmesan.

Peperonata à l'œuf frit
Suivez la recette de base, en ajoutant 4 œufs cuits au plat sur la peperonata.
Remplacez éventuellement la polenta par des rôties beurrées.

Peperonata aux haricots blancs
Suivez la recette de base, en ajoutant 1 boîte de 400 g (13,5 oz) de haricots
cannellini égouttés et rincés 5 min avant la fin de la cuisson.

Variantes

Champignons aux pommes de terre

Recette de base p. 201

Cocotte de pommes de terre aux haricots et aux marrons

Suivez la recette de base, en utilisant seulement 125 g (4 oz) de
champignons coupés en 4 et en faisant cuire 1 oignon rouge coupé en
rondelles avec l'ail et les champignons. Ajoutez 250 g (8 oz) de marrons
en conserve coupés en 2 et 250 g (1 ½ tasse) de haricots rouges en même
temps que la crème.

Cocotte de pommes de terre au fromage et à l'oignon

Suivez la recette de base, en remplaçant les champignons par 2 oignons
blancs de taille moyenne, coupés en rondelles. Lorsque la sauce a réduit,
incorporez 75 g (2,5 oz) de gruyère ou de cheddar râpé et réchauffez sur
feu doux, jusqu'à ce que le fromage soit fondu.

Cocotte de pommes de terre aux champignons et à la tomate

Suivez la recette de base, en remplaçant la crème par 40 cl (1 ⅔ tasse) de
sauce tomate. Laissez mijoter 5 min.

Cocotte de pommes de terre au maïs

Suivez la recette de base, en supprimant les champignons et en faisant
revenir 1 oignon rouge coupé en rondelles dans l'huile d'olive. Ajoutez 250 g
(8 oz) de maïs en grains et ¼ de poivron rouge coupé en petits dés.

Variantes

Chili végétarien

Recette de base p. 202

Salade de tacos végétarienne
Suivez la recette de base et laissez tiédir la préparation. Pendant ce temps,
mélangez 125 g (4 oz) de chips tortillas, ¼ de laitue iceberg émincée, 75 g
(2,5 oz) de cheddar ou de gruyère râpé, 2 grosses tomates émincées, 4 c. à s.
de coriandre fraîche ciselée et 12 cl (½ tasse) de sauce salsa mexicaine.
Mélangez avec les haricots et recouvrez de crème 35 %. Accompagnez de
rondelles de citron.

Ragoût de haricots épicés aux lentilles et aux légumes
Suivez la recette de base, en ajoutant 250 g (8 oz) de lentilles en conserve en
même temps que les tomates.

Ragoût de haricots noirs aux arachides
Suivez la recette de base, en supprimant les courgettes et le paprika et en
utilisant seulement 1 c. à s. de pâte de tomates. Remplacez les haricots rouges
par des haricots noirs égouttés et rincés. Incorporez 2 c. à s. de beurre
d'arachides lorsque le plat est prêt.

Curry végétarien au gingembre
Suivez la recette de base, en supprimant le maïs et la pâte de tomates.
Remplacez le cumin et la coriandre par 2 ou 3 c. à s. de curry en poudre
et ajoutez 2 c. à t. de gingembre frais râpé en même temps que l'ail.

Tagine de citrouille aux pois chiches et aux pruneaux

Recette de base p. 205

Tagine de citrouille aux patates douces et aux pruneaux
Suivez la recette de base, en remplaçant les pommes de terre par
des patates douces.

**Tagine de citrouille aux pois chiches, aux pruneaux, au citron confit
et aux olives**
Suivez la recette de base, en ajoutant 1 citron confit épépiné et coupé en 4
et 100 g (3,5 oz) d'olives vertes dénoyautées en même temps que les tomates.

Tagine de citrouille aux pois chiches et aux abricots
Suivez la recette de base, en remplaçant les pruneaux par des abricots secs.

**Tagine de citrouille aux haricots verts, aux pois chiches et aux
pruneaux**
Suivez la recette de base, en remplaçant les pommes de terre par 225 g
(7,5 oz) de haricots verts équeutés et coupés en deux. (Vous pouvez ajouter
du citron confit et des olives, comme dans la variante ci-dessus.)

Variantes

Huevos revueltos mexicali

Recette de base p. 206

Huevos revueltos española
Suivez la recette de base, en supprimant les légumes. Ajoutez 175 g (6 oz) de
pousses d'épinards et 175 g (6 oz) de crevettes cuites. Laissez cuire jusqu'à ce que
les crevettes soient chaudes et que les pousses d'épinards aient fondu. Égouttez
l'excédent de liquide. Ajoutez les œufs et procédez comme indiqué.

Huevos revueltos peperonata
Suivez la recette de base, en remplaçant les légumes par 225 g (7,5 oz) de
peperonata (voir p. 199). Ajoutez les œufs et procédez comme indiqué.

Huevos revueltos au chorizo
Suivez la recette de base, en supprimant les tomates et le piment. Découpez
175 g (6 oz) de chorizo épluché en morceaux et faites-le cuire avec l'oignon
dans la sauteuse, jusqu'à ce qu'il soit bien grillé. Ajoutez les œufs et procédez
comme indiqué.

Huevos revueltos à la ricotta
Suivez la recette de base, en ajoutant 1 c. à s. de ciboulette ciselée avec le sel.
Lorsque le plat est prêt, incorporez 120 g (4 oz) de ricotta et mélangez
délicatement, jusqu'à ce que le fromage soit chaud, en laissant des petits amas
de ricotta dans les œufs.

Variantes

Curry d'épinards et de chou-fleur

Recette de base p. 207

Curry d'épinards et de patates douces
Suivez la recette de base, en remplaçant le chou-fleur par 3 patates douces
épluchées et coupées en morceaux de 2,5 cm (1 po).

Curry d'épinards et de haricots verts
Suivez la recette de base, en remplaçant le chou-fleur par 500 g (1,1 lb) de
haricots verts équeutés.

Curry de gombos
Suivez la recette de base, en supprimant le chou-fleur, les épinards et le lait
de coco. Ajoutez 150 g (5 oz) de gombos lavés, équeutés et coupés
en morceaux de 2 cm (¾ po), et 1 petit poivron vert émincé, en même temps
que les tomates. Laissez cuire 10 min environ, jusqu'à ce que les gombos
soient tendres mais pas gélatineux.

Curry de légumes
Suivez la recette de base, en supprimant le chou-fleur et en utilisant des
épinards surgelés. Ajoutez 150 g (5 oz) de jardinière de légumes surgelée en
même temps que les tomates et laissez cuire 10 min ; incorporez les épinards
décongelés et pressés entre vos mains pour en extraire toute l'eau.
Réchauffez le tout.

Variantes

Frittata de pommes de terre

Recette de base p. 208

Frittata de courgette
Suivez la recette de base, en supprimant les pommes de terre. Faites cuire
1 petit oignon et 1 grosse courgette coupés en rondelles dans une sauteuse,
jusqu'à ce qu'ils soient tendres.

Frittata de pommes de terre aux lardons
Suivez la recette de base, en faisant cuire 100 g (3,5 oz) de lardons dans l'huile
chaude dans la sauteuse avant d'ajouter les pommes de terre.

Frittata d'épinards au bleu
Suivez la recette de base, en supprimant les pommes de terre et en faisant cuire
125 g (4 oz) de pousses d'épinards dans la sauteuse. Ajoutez 10 tomates cerises
coupées en 2. Remplacez la feta ou le cheddar par 125 g (4 oz) de bleu émietté.

Frittata de pommes de terre au saumon fumé
Suivez la recette de base, en ajoutant 50 g (1,5 oz) de saumon fumé coupé en
petits morceaux dans les pommes de terre avant de verser l'œuf. Utilisez de la
feta et de l'aneth ou de la ciboulette.

Variantes

Champignons et pousses de bambou sautés

Recette de base p. 211

Champignons et brocolis sautés
Suivez la recette de base, en supprimant les pousses de bambou. Détaillez
1 tête de brocoli de taille moyenne en bouquets et blanchissez-les 2 min
dans l'eau bouillante. Égouttez-les et mélangez-les avec les champignons
quand leur jus commence à réduire.

Champignons sautés aux noix de cajou
Suivez la recette de base, en ajoutant 120 g (4 oz) de noix de cajou grillées,
non salées, lorsque le jus des champignons a réduit.

Champignons et germes de soya sautés
Suivez la recette de base, en remplaçant les pousses de bambou par
225 g (7,5 oz) de germes de soya.

Champignons séchés sautés
Suivez la recette de base, en remplaçant les champignons frais par
10 champignons noirs chinois déshydratés que vous aurez fait tremper
20 min dans de l'eau chaude. Pressez-les pour en extraire l'eau et coupez-les
en lamelles. Utilisez l'eau de trempage filtrée à l'aide d'un tamis à la place
du bouillon.

Tarte aux courgettes et aux artichauts

Recette de base p. 211

Tarte à la peperonata
Suivez la recette de base, en supprimant les artichauts et les courgettes.
Garnissez la tarte de poivrons rouges et jaunes grillés, en bocal, bien
égouttés et coupés en lamelles.

Tarte aux asperges
Suivez la recette de base, en supprimant la deuxième moitié des tomates
séchées, les artichauts et les courgettes. Blanchissez 150 g (5 oz) d'asperges
pendant 2 min dans l'eau bouillante, égouttez-les et répartissez-les sur
la pâte. Recouvrez de parmesan.

Tarte à la tomate
Suivez la recette de base, en supprimant la deuxième moitié des tomates
séchées, les artichauts et les courgettes. Garnissez la tarte de 225 g (7,5 oz)
de tomates cerises coupées en 2 dans la hauteur.

Tarte aux oignons nouveaux et aux pommes de terre
Suivez la recette de base, en supprimant la deuxième moitié des tomates
séchées, les artichauts et les courgettes. Garnissez la tarte avec 3 pommes
de terre cuites coupées en rondelles et 4 gros oignons nouveaux émincés.
Badigeonnez-les d'huile d'olive.

Ragoût de haricots épicé

Recette de base p. 215

Ragoût de haricots à la tomate
Suivez la recette de base, en supprimant les pimientos de piquillo et en ajoutant 200 g (6,5 oz) de tomates pelées, 4 c. à s. de tomates séchées et 4 c. à s. d'olives vertes dénoyautées en même temps que les haricots.

Ragoût de pois chiches épicé
Suivez la recette de base, en remplaçant les haricots cannellini et les haricots noirs par 2 boîtes de 400 g (13,5 oz) de pois chiches.

Poulet grillé aux haricots épicés
Suivez la recette de base, en l'accompagnant de poulet grillé au citron et au thym (voir p. 105).

Ragoût de haricots épicé au maïs et aux pommes de terre
Suivez la recette de base, en supprimant les haricots cannellini et en ajoutant 250 g (8 oz) de maïs en grains et 2 petites pommes de terre cuites et coupées en morceaux.

Variantes

Omelette au fromage de chèvre, à la tomate et à l'avocat

Recette de base p. 216

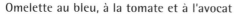

Omelette au bleu, à la tomate et à l'avocat
Suivez la recette de base, en remplaçant le fromage de chèvre par
du gorgonzola ou du roquefort.

Omelette mexicaine
Suivez la recette de base, en remplaçant le fromage de chèvre et les tomates
par du cheddar ou du gruyère et 4 c. à s. de sauce salsa mexicaine.

Omelette au fromage de chèvre, à la tomate, à l'avocat et aux épinards
Suivez la recette de base, en ajoutant 125 g (4 oz) de pousses d'épinards
dans les œufs.

Omelette aux lardons, à la tomate et à l'avocat
Suivez la recette de base, en supprimant le fromage de chèvre. Faites griller
50 g (1,5 oz) de lardons dans une sauteuse à revêtement antiadhésif sur feu
moyen, jusqu'à ce qu'ils soient bien grillés. Égouttez-les sur du papier
absorbant et réservez-les. Incorporez-les en même temps que la tomate.

Accompagnements

Ne négligez jamais le choix de l'accompagnement :
riz, céréales ou légumes de saison bien cuisinés
peuvent sublimer un plat simple. Nous vous
proposons ici des recettes traditionnelles remises
au goût du jour et préparées avec quelques
ingrédients soigneusement choisis pour donner
du dynamisme à votre cuisine.

Riz pilaf

Pour 4 personnes

Il faut peu d'efforts et à peine quelques minutes de préparation supplémentaires pour transformer un riz nature tout simple en un plat coloré et savoureux. Si vous avez du bouillon maison, c'est parfait, mais la plupart d'entre nous n'ont que des cubes sous la main ! Ce riz accompagnera à merveille de la viande, du poisson ou des légumes, mais vous pourrez également le servir froid, en salade.

1 c. à s. d'huile d'olive
1 c. à s. de beurre
2 échalotes finement émincées
1 branche de céleri, coupée en 2 dans
   la longueur et finement émincée
450 g (2 ½ tasses) de riz long grain
   ou de riz basmati

1 cube de bouillon de volaille ou de légumes
Sel et poivre noir
1 c. à t. de zeste de citron, râpé
2 c. à s. d'herbes fraîches, persil ou coriandre
   par exemple, ciselées

Faites chauffer l'huile et le beurre dans une casserole sur feu moyen. Faites-y revenir les échalotes et le céleri, en remuant fréquemment, jusqu'à ce qu'ils soient tendres. Ajoutez le riz et mélangez bien. Versez 60 cl (2 ⅔ tasses) d'eau bouillante et émiettez le bouillon dans la casserole. Salez modérément, poivrez. Portez à ébullition, baissez le feu, couvrez et laissez mijoter 12 min – ou suivez les instructions figurant sur le paquet de riz. Si ce dernier devient trop sec avant la fin du temps de cuisson, ajoutez 4 c. à s. d'eau supplémentaires.

Retirez la casserole du feu et laissez reposer 5 min à couvert, jusqu'à ce que le riz finisse de cuire. Aérez-le à l'aide d'une fourchette, puis incorporez le zeste de citron et les herbes.

Voir variantes p. 244

Semoule à la harissa

Pour 4 personnes

La harissa, purée de piments rouge vif extrêmement épicée originaire d'Afrique du Nord, donne du caractère à cette recette de semoule. Servez ce plat chaud, avec un tagine, ou froid, en salade – dans ce cas, ajoutez les oignons nouveaux, les tomates et les herbes une fois que la semoule a refroidi.

400 g (2 ½ tasses) de semoule de couscous
1 cube de bouillon de légumes
   ou de poulet
1 c. à t. de harissa
4 oignons nouveaux,
   coupés en rondelles

1 grosse tomate, épépinée et coupée
   en morceaux
4 c. à s. de menthe fraîche, ciselée
   (ou 2 c. à s. de menthe et 2 c. à s. de persil)
3 c. à s. d'huile d'olive
Le jus de 1 citron

Mettez la semoule dans un saladier résistant à la chaleur. Dissolvez le cube de bouillon dans 50 cl (2 tasses) d'eau bouillante, puis incorporez la harissa. Versez sur la semoule et mélangez bien.

Couvrez le bol avec un torchon humide et laissez reposer 5 min – les grains de semoule doivent être tendres.

Aérez la semoule à l'aide d'une fourchette. Incorporez les oignons nouveaux, la tomate, la menthe, l'huile d'olive et le jus de citron.

Voir variantes p. 245

Quinoa chaud aux lardons et aux petits pois

Pour 4 personnes

Ce quinoa chaud est parfait avec un plat de viande simple, des côtelettes d'agneau ou de porc par exemple.

175 g (1 tasse) de quinoa, rincé
50 cl (2 tasses) de bouillon de légumes
Sel et poivre noir
50 g (1,5 oz) de petits pois surgelés
75 g (2,5 oz) de lardons fumés

1 petit oignon, émincé
½ poivron rouge, coupé en morceaux
½ à 1 piment jalapeño, coupé en rondelles
1 grosse tomate, pelée, épépinée et coupée
    en morceaux

Faites chauffer le quinoa dans le bouillon, sur feu vif. Ajoutez 1 grosse pincée de sel et de poivre noir, mélangez et portez à ébullition. Réduisez le feu et laissez mijoter 10 min à feu doux. Incorporez les petits pois et poursuivez la cuisson 5 à 10 min, en mélangeant de temps en temps, jusqu'à ce que toute l'eau ait été absorbée. Retirez la casserole du feu. Aérez les grains de quinoa à l'aide d'une fourchette.

Pendant ce temps, faites cuire les lardons dans une sauteuse, sur feu moyen, jusqu'à ce qu'ils aient rendu toute leur graisse. Ajoutez l'oignon, le poivron et le piment. Laissez cuire jusqu'à ce que l'oignon soit tendre. Incorporez la tomate et réchauffez-la en veillant à ce qu'elle ne s'écrase pas trop. Mélangez cette préparation avec le quinoa et rectifiez l'assaisonnement.

Voir variantes p. 246

Chou à la moutarde et au citron

Pour 4 personnes

Prêt en moins de 5 min, ce plat de légumes d'inspiration indienne sera délicieux avec de la viande comme du poisson.

1 c. à s. d'huile de tournesol
1 c. à s. de graines de moutarde
½ chou vert, sans le trognon, émincé

Le jus de ½ citron
Sel et poivre noir

Faites chauffer l'huile dans une sauteuse ou un wok, sur feu moyen à vif. Ajoutez les graines de moutarde. Dès qu'elles commencent à sauter, incorporez le chou.

Faites revenir le tout 3 ou 4 min, jusqu'à ce que le chou soit tendre et croustillant. Versez le jus de citron, salez, poivrez et servez.

Voir variantes p. 247

Purée à l'ail

Pour 4 personnes

Une purée de pommes de terre crémeuse à l'ail, peut-on imaginer plat plus réconfortant ? Ajoutez 4 c. à s. de parmesan pour une version encore plus gourmande, et servez-la avec un steak.

500 g (1,1 lb) de pommes de terre, épluchées
2 ou 3 gousses d'ail, épluchées
4 c. à s. de crème 35 %

2 c. à s. d'huile d'olive ou de beurre
Sel et poivre noir

Coupez les pommes de terre en morceaux de taille égale, mettez-les dans une casserole avec l'ail et recouvrez d'eau.

Portez à ébullition, couvrez et laissez cuire 20 min, jusqu'à ce que les pommes de terre soient tendres. Écrasez-les à l'aide d'un presse-purée – n'utilisez pas de robot ménager, vous obtiendriez une purée à la texture collante.

Faites chauffer la crème avec l'huile ou le beurre dans une petite casserole (ou au micro-ondes). Versez dans la purée, salez, poivrez et servez.

Voir variantes p. 248

Tagliatelles de courgette grillées au balsamique

Pour 4 personnes

Servez ces tagliatelles avec un poisson ou une viande. Si vous les laissez refroidir, vous confectionnerez une salade exquise.

4 courgettes de taille moyenne	Sel et poivre noir
1 c. à s. d'huile d'olive	2 c. à s. de vinaigre balsamique
4 c. à s. d'huile d'olive parfumée	2 c. à s. de basilic frais ciselé

Préchauffez le gril du four. Tapissez un plat à gratin de papier d'aluminium. Huilez-le.

À l'aide d'une mandoline ou d'un couteau affûté, découpez les courgettes en lamelles de 5 mm (3/16 po) d'épaisseur dans la longueur. Répartissez-les dans le plat et badigeonnez-les d'huile d'olive. Salez et poivrez généreusement.

Placez le plat à 10 cm (4 po) de la source de chaleur et faites griller les courgettes 5 ou 6 min, jusqu'à ce qu'elles soient tendres et bien dorées.

Au moment de servir, arrosez de vinaigre balsamique et parsemez de basilic.

Voir variantes p. 249

Salade chaude de betteraves à la crème

Pour 4 personnes

Légume souvent délaissé, la betterave accompagne pourtant à merveille viandes et poissons.

225 g (7,5 oz) de betteraves cuites,
   coupées en dés
1 c. à t. de moutarde de Dijon
1 c. à t. de miel

4 c. à s. de vinaigre de cidre
25 cl (1 tasse) de crème 35 %
Sel et poivre noir
2 c. à s. d'aneth frais, ciselé

Mettez les betteraves coupées en dés dans une petite casserole.

Mélangez la moutarde, le miel et le vinaigre de cidre. Versez ce mélange sur les betteraves, portez à ébullition et laissez cuire 2 min.

Incorporez la crème. Salez, poivrez et réchauffez. Parsemez d'aneth et servez.

Voir variantes p. 250

Bettes sautées au gruyère

Pour 4 personnes

Cette manière de préparer les bettes en fait un plat assez exceptionnel, bien que suffisamment simple pour être servi quotidiennement. Vous séparerez les feuilles des côtes, qui requièrent quelques minutes de cuisson supplémentaires, afin que le légume soit cuit à la perfection.

500 g (1,1 lb) de bettes
1 c. à s. de beurre
1 c. à s. d'huile d'olive
1 échalote, émincée
1 gousse d'ail, pressée

12,5 cl (½ tasse) de vinaigre de vin blanc
2 c. à s. de crème 35 % ou de yogourt
1 c. à t. de paprika
40 g (1,3 oz) de gruyère ou d'emmental râpé
Sel et poivre noir

Préparez les bettes en détachant les feuilles des côtes. Coupez les côtes en morceaux de 1 cm (⅜ po) et émincez grossièrement les feuilles.

Faites fondre le beurre et l'huile d'olive dans une grande sauteuse. Faites-y revenir l'échalote pendant 3 min, puis ajoutez l'ail et poursuivez la cuisson 2 min. Incorporez les côtes de bette et le vinaigre. Laissez cuire jusqu'à ce que les côtes commencent à s'attendrir.

Ajoutez les feuilles et faites-les cuire jusqu'à ce qu'elles soient tendres. Incorporez la crème ou le yogourt, le paprika et deux tiers du fromage. Réchauffez le tout, salez, poivrez et parsemez du fromage restant.

Voir variantes p. 251

Beignets de maïs

Pour 7 ou 8 beignets

Voici une recette un peu plus légère de beignets de maïs, qui utilise très peu de farine. C'est un excellent accompagnement à proposer à une tablée de mangeurs de viande et de végétariens puisque ces derniers peuvent en faire un repas complet.

1 œuf	Sel et poivre blanc
2 c. à s. de farine	1 blanc d'œuf
500 g (1,1 lb) de maïs en grains en conserve	1 c. à s. de beurre
ou les grains de 2 gros épis	
½ c. à t. de piment en poudre (facultatif)	

Dans un saladier, battez l'œuf et la farine. Ajoutez le maïs et éventuellement le piment. Salez, poivrez. Dans un autre récipient, battez le blanc d'œuf en neige, puis incorporez-le délicatement dans le mélange précédent à l'aide d'une spatule.

Faites chauffer le beurre dans une grande sauteuse. Versez-y des cuillerées à soupe de pâte. Laissez cuire 2 ou 3 min sur chaque face – les beignets doivent être bien dorés. Répétez l'opération jusqu'à épuisement de la pâte.

Égouttez les beignets sur du papier absorbant et servez immédiatement.

Voir variantes p. 252

Haricots verts à la grecque

Pour 4 personnes

Les haricots verts sont ici cuisinés avec des tomates, de l'oignon, des herbes et de l'huile d'olive. Vous pourrez déguster les restes froids, en salade.

500 g (1,1 lb) de haricots verts frais, équeutés
6 c. à s. d'huile d'olive
1 oignon de taille moyenne, coupé en rondelles
1 gousse d'ail, pressée
1 c. à t. d'origan séché

3 tomates olivettes, pelées et coupées en dés,
    ou 1 boîte de 200 g (6,5 oz) de tomates pelées
½ c. à t. de sucre
2 c. à s. de persil frais, ciselé

Faites cuire les haricots verts 3 min dans l'eau bouillante salée. Égouttez-les.

Pendant ce temps, faites chauffer l'huile d'olive dans une casserole. Faites-y revenir l'oignon pendant 3 min. Ajoutez l'ail et l'origan, puis poursuivez la cuisson jusqu'à ce que l'oignon soit tendre.

Incorporez les tomates, le sucre et les haricots cuits. Laissez cuire encore 10 min. Parsemez de persil et servez.

Voir variantes p. 253

Variantes

Riz pilaf

Recette de base p. 229

Riz aux amandes grillées
Suivez la recette de base, en ajoutant 4 c. à s. d'amandes effilées grillées
en même temps que le persil.

Riz pilaf au sésame
Suivez la recette de base, en remplaçant la moitié de l'huile d'olive
par de l'huile de sésame. Une fois que les oignons sont cuits, incorporez
1 c. à t. de gingembre frais épluché et râpé et poursuivez la cuisson 1 min.
Remplacez les herbes fraîches et le zeste de citron par 1 c. à s. de graines
de sésame légèrement grillées et 1 oignon nouveau finement émincé.

Millet pilaf aux raisins secs et au citron
Suivez la recette de base, en remplaçant le riz par 200 g (1 tasse) de millet
rincé et en utilisant 50 cl (2 tasses) d'eau bouillante. Le millet doit avoir
absorbé toute l'eau après une cuisson de 15 à 20 min. S'il est trop sec,
ajoutez un peu d'eau. Incorporez 40 g (1/3 tasse) de raisins secs et 1 c. à s.
de jus de citron en même temps que les herbes.

Variantes

Semoule à la harissa

Recette de base p. 231

Semoule aux graines
Suivez la recette de base, en supprimant les tomates et en ajoutant
4 c. à s. de graines de tournesol, 4 c. à s. de graines de courge et 2 c. à s.
de graines de sésame grillées à sec.

Semoule au dukkha
Préparez un mélange d'épices dukkha en faisant griller à sec 4 c. à s.
de graines de sésame et 4 c. à s. d'amandes. Ajoutez 2 c. à s. de graines
de coriandre et 1 c. à t. de graines de cumin ; poursuivez la cuisson 1 min.
Laissez refroidir, puis mixez le mélange afin de le réduire en poudre. Suivez
la recette de base en supprimant les tomates et la harissa et en saupoudrant
d'épices dukkha.

Boulgour à la harissa
Suivez la recette de base, en remplaçant la semoule par du boulgour – pour
la cuisson, suivez les instructions figurant sur l'emballage.

Sarrasin épicé à la harissa
Suivez la recette de base, en remplaçant la semoule par du sarrasin grillé :
mettez-le dans une casserole et ajoutez le bouillon chaud. Laissez mijoter
15 à 20 min, jusqu'à ce qu'il soit tendre. Servez chaud ou froid.

Variantes

Quinoa chaud aux lardons et aux petits pois

Recette de base p. 232

Quinoa et vinaigrette chaude au balsamique

Suivez la recette de base, en supprimant les lardons et en ajoutant 1 c. à s. d'huile d'olive dans la sauteuse avant d'incorporer les oignons. Mélangez 4 c. à s. d'huile d'olive, 4 c. à s. de vinaigre balsamique, 1 c. à s. de moutarde de Dijon et ½ c. à t. d'ail en poudre. Versez sur le quinoa chaud et réchauffez quelques minutes.

Quinoa aux champignons

Suivez la recette de base, en supprimant les lardons et en ajoutant 1 c. à s. d'huile d'olive dans la sauteuse avant les oignons. Faites cuire 125 g (4 oz) de petits champignons de Paris avec les autres légumes.

Quinoa aux légumes

Suivez la recette de base pour préparer le quinoa, en supprimant les autres ingrédients. Faites cuire 300 g (10 oz) de jardinière de légumes surgelée en suivant les instructions figurant sur l'emballage et mélangez-les avec le quinoa chaud. Ajoutez le jus de ½ citron et 2 c. à s. de basilic frais, ciselé.

Quinoa aux haricots noirs

Suivez la recette de base, en ajoutant 1 boîte de 400 g (13,5 oz) de haricots noirs égouttés et rincés 5 min avant la fin du temps de cuisson du quinoa.

Variantes

Chou à la moutarde et au citron

Recette de base p. 234

Chou au citron et à l'aneth
Suivez la recette de base, en supprimant les graines de moutarde et en ajoutant
2 c. à t. d'aneth séché dans le chou – si vous préférez l'aneth frais, incorporez
2 c. à s. de cette herbe ciselée en même temps que le citron.

Chou aux lardons et aux graines de carvi
Suivez la recette de base, en supprimant les graines de moutarde et le citron. Faites
cuire 50 g (1,5 oz) de lardons fumés dans l'huile chaude. Ajoutez 1 petit oignon
coupé en rondelles puis, au bout de 2 min, 1 gousse d'ail pressée et 1 c. à s. de
graines de carvi. Poursuivez la cuisson 1 min avant d'incorporer le chou.

Chou à l'orange et aux graines de pavot
Suivez la recette de base, en supprimant les graines de moutarde et le citron.
Une fois que le chou est cuit, ajoutez le zeste et le jus de ½ orange mélangés
à 1 c. à t. de moutarde de Dijon, 1 c. à s. de graines de pavot et 1 c. à t. de
vinaigre balsamique. Salez et poivrez.

Chou à l'ail et au soya
Suivez la recette de base, en supprimant les graines de moutarde et le citron.
Faites revenir 2 gousses d'ail pressées pendant 1 min dans l'huile chaude.
Procédez comme indiqué, en remplaçant le citron par 2 c. à s. de sauce soya.

Purée à l'ail

Recette de base p. 235

Purée au céleri

Suivez la recette de base, en supprimant éventuellement l'ail. Mettez
500 g (1,1 lb) de céleri-rave épluché et coupé en morceaux de 2,5 cm (1 po)
dans une autre casserole. Couvrez d'eau et ajoutez 1 c. à s. de jus de citron.
Portez à ébullition et laissez mijoter 15 min environ, jusqu'à ce que le céleri
soit tendre. Égouttez-le puis réduisez-le en purée. Mélangez avec la purée
de pommes de terre.

Purée à la moutarde à l'ancienne

Suivez la recette de base, en supprimant l'ail et en incorporant 3 c. à s.
de moutarde à l'ancienne.

Purée au fromage de chèvre

Suivez la recette de base, en supprimant l'ail. Ajoutez 125 g (4 oz) de
fromage de chèvre frais en même temps que la crème et mélangez bien.
Parsemez de ciboulette fraîche ciselée (2 c. à s.).

Purée au pesto

Suivez la recette de base, en supprimant l'ail et en incorporant 1 ou 2 c. à s.
de pesto.

Variantes

Tagliatelles de courgette grillées au balsamique

Recette de base p. 236

Tagliatelles de courgette grillées au romarin et à l'origan

Suivez la recette de base, en parsemant les courgettes de 1 c. à s. de romarin frais ciselé (ou 1 c. à t. de romarin séché) et de 1 c. à t. d'origan frais ciselé (ou 1 grosse pincée d'origan séché) avant la cuisson.

Courgettes grillées au parmesan

Suivez la recette de base, en parsemant les courgettes de 50 g (1,5 oz) de parmesan râpé avant la cuisson.

Courgettes grillées au citron

Suivez la recette de base, en parsemant les courgettes du zeste râpé de ½ citron avant la cuisson, et en remplaçant le vinaigre balsamique par du jus de citron.

Wraps de courgette

Suivez la recette de base, en ne faisant cuire que 8 lamelles de courgette. Faites griller en même temps 4 tomates olivettes coupées en 2 dans la hauteur. Découpez 125 g (4 oz) de mozzarella en 8 rondelles. Lorsque les lamelles de courgette sont cuites, enveloppez ½ tomate, 1 rondelle de mozzarella et 1 feuille de basilic entière dans 1 lamelle de courgette. Répétez l'opération jusqu'à épuisement des ingrédients.

Variantes

Salade chaude de betteraves à la crème

Recette de base p. 239

Betteraves chaudes épicées
Suivez la recette de base, en supprimant la crème. Augmentez la quantité
de miel (1 c. à s.). Ajoutez 1 c. à t. de cardamome, 1 c. à t. de piment en
poudre, ½ c. à t. d'ail semoule et ½ c. à t. de graines de carvi dans le vinaigre.

Salade froide de betteraves à la crème
Suivez la recette de base pour préparer les betteraves. Faites chauffer
le vinaigre de cidre, la moutarde et le sucre en suivant les instructions
de la recette de base et versez sur les betteraves. Laissez refroidir. Incorporez
la crème et parsemez d'aneth.

Betteraves chaudes à l'ail et à la crème
Faites revenir 1 petit oignon émincé pendant 3 min à la poêle. Ajoutez
2 gousses d'ail pressées et laissez-les cuire 2 min, jusqu'à ce qu'elles soient
tendres. Incorporez les betteraves et suivez les instructions de la recette
de base pour la suite, en remplaçant la moutarde de Dijon par 1 c. à s.
de moutarde à l'ancienne.

Betteraves chaudes au raifort et à la crème
Suivez la recette de base, en ajoutant 2 ou 3 c. à s. de sauce au raifort
avec le vinaigre.

Variantes

Bettes sautées au gruyère

Recette de base p. 240

Bettes sautées à l'orange
Suivez la recette de base, en supprimant la crème et le fromage. Ajoutez
le zeste râpé de 1 orange et 1 c. à t. de jus d'orange à la place du vinaigre.

Pâtes aux bettes crémeuses
Suivez la recette de base, en augmentant la quantité de crème (25 cl – 1 tasse)
– vous la laisserez bouillir 2 min. Augmentez également la quantité de fromage
(125 g – 4 oz). Mélangez avec des pennes cuites.

Gratin de bettes
Suivez la recette de base. Préchauffez le gril du four. Mélangez 4 c. à s. de
fromage avec 40 g (⅓ tasse) de chapelure. Salez, poivrez. Déposez les bettes
à la crème dans un plat à gratin, parsemez de chapelure au fromage et faites
cuire sous le gril, jusqu'à ce que le dessus du gratin soit bien doré.

Chou frisé sauté au gruyère
Suivez la recette de base, en remplaçant les bettes par 500 g (1,1 lb) de chou
frisé émincé.

Variantes

Beignets de maïs

Recette de base p. 242

Beignets de maïs à l'oignon, au piment et à la tomate
Suivez la recette de base, en ajoutant 1 oignon nouveau coupé en fines
rondelles et 3 tomates séchées finement émincées en même temps
que le maïs.

Beignets de maïs au fromage
Suivez la recette de base, en ajoutant 50 g (1,5 oz) de cheddar ou
d'emmental râpé en même temps que le maïs.

Beignets de courgette
Suivez la recette de base, en remplaçant le maïs par 2 grosses courgettes
râpées, bien égouttées.

Beignets de fromage aux herbes
Suivez la recette de base, en remplaçant le maïs par 50 g (1,5 oz) de cheddar
râpé et 1 gros bouquet d'herbes mélangées – persil, basilic, ciboulette,
coriandre, menthe et sauge, par exemple.

Haricots verts à la grecque

Recette de base p. 243

Haricots verts à la grecque aux lardons
Suivez la recette de base, en ajoutant 75 g (2,5 oz) de lardons fumés dans la sauteuse chaude. Dès que la graisse commence à fondre, ajoutez l'huile d'olive et l'oignon.

Fèves à la grecque
Suivez la recette de base, en remplaçant les haricots verts par 500 g (1,1 lb) de fèves surgelées, cuites jusqu'à ce qu'elles soient tendres.

Pâtes aux haricots verts et à la tomate
Suivez la recette de base, en doublant la quantité de tomates. Mélangez avec des fusillis cuits et parsemez de parmesan.

Pommes de terre à la grecque
Suivez la recette de base, en remplaçant les haricots verts par 500 g (1,1 lb) de pommes de terre coupées en morceaux et cuites à l'eau.

Desserts

Confectionner un dessert exceptionnel

ne requiert pas forcément beaucoup de travail...

Ce chapitre vous propose des recettes

pour toutes les occasions, chaudes, froides

ou glacées, gourmandes ou diététiques.

Rôties croustillantes aux abricots

Pour 4 personnes

Si vous utilisez des fruits en conserve, ce dessert particulièrement simple à préparer sera réalisé en un temps record ! Servez-le avec du yogourt, de la glace à la vanille ou de la crème fouettée.

4 grandes tranches de pain de mie
4 c. à t. de beurre
1 c. à t. de cannelle

4 c. à s. de sucre roux
  + 4 c. à t. pour saupoudrer
8 abricots bien mûrs ou 1 boîte de 400 g
  (13,5 oz) d'oreillons d'abricot

Préchauffez le four à 350 °F (180 °C).

Écroûtez le pain. Beurrez généreusement les tranches puis saupoudrez-les de cannelle et de 4 c. à s. de sucre roux. Disposez-les sur une plaque à pâtisserie.

Coupez les abricots en 2 et dénoyautez-les. Posez 4 demi-abricots sur chaque tranche de pain, côté coupé vers le haut, et saupoudrez-les du sucre restant. Enfournez pour 15 à 20 min, jusqu'à ce que le pain soit croustillant et les fruits bien tendres. Coupez chaque rôtie en 4 et servez chaud.

Voir variantes p. 272

Tartelettes épicées aux pommes et aux canneberges

Pour 6 personnes

En utilisant de la pâte filo, vous pourrez préparer des tartes aux pommes quasiment instantanément. Vous gagnerez du temps en remplaçant les pommes par de la compote de pommes.

2 feuilles de pâte filo
2 c. à t. de beurre fondu
6 c. à s. de sucre roux
1 c. à s. de jus de citron
½ c. à t. de cannelle

3 pommes de taille moyenne,
   coupées en rondelles
50 g (1,5 oz) de canneberges
2 c. à s. de noix de pécan grillées, hachées
1 ½ c. à s. de sucre à glacer

Préchauffez le four à 400 °F (200 °C).

Huilez légèrement un moule à muffins à six alvéoles. Déposez 1 feuille de pâte filo sur une planche à découper et badigeonnez-la de beurre fondu. Découpez-la dans la largeur en 3 bandes de 13 cm (5 po). Repliez chacune d'entre elles en 3 de manière à obtenir un carré, puis arrondissez les angles. Garnissez chaque alvéole du moule d'un morceau de pâte filo. Répétez l'opération avec la deuxième feuille de pâte. Enfournez pour 5 min.

Pendant ce temps, faites chauffer le sucre, le jus de citron et la cannelle dans une poêle, jusqu'à ce que le mélange commence à frémir. Ajoutez les rondelles de pomme et les canneberges et laissez cuire 5 min environ, en remuant fréquemment – les pommes doivent être tendres. Répartissez les fruits dans les fonds de tarte, parsemez de noix de pécan et saupoudrez de sucre à glacer.

Voir variantes p. 273

Gâteau mousseux au chocolat

Pour 4 personnes

La mousse et les muffins au chocolat sont ici associés pour composer un dessert très gourmand. Cette recette contient des œufs crus, elle est donc déconseillée aux femmes enceintes et aux personnes immunodéprimées.

2 muffins au chocolat, coupés en morceaux
4 c. à s. de lait chocolaté ou de Baileys®
50 g (1,5 oz) de chocolat noir
2 œufs, blancs et jaunes séparés
1 pincée de sel

125 g (⅔ tasse) de sucre
15 cl (⅔ tasse) de crème liquide entière
Quelques gouttes d'essence d'amande amère
Copeaux de chocolat

Répartissez les morceaux de muffins au chocolat dans le fond de 4 ramequins. Humidifiez-les avec le lait chocolaté ou le Baileys®.

Faites fondre le chocolat au bain-marie et laissez-le refroidir un peu. Pendant ce temps, battez les blancs d'œufs en neige ferme, avec le sel. Dans un autre récipient, fouettez les jaunes d'œufs et le sucre, jusqu'à obtention d'un mélange léger et mousseux. Enfin, fouettez la crème.

Incorporez délicatement un tiers du chocolat fondu dans les jaunes d'œufs, puis versez délicatement le chocolat restant. Ajoutez l'essence d'amande amère, la crème fouettée et les blancs d'œufs, en veillant à ne pas trop travailler la préparation. Répartissez la mousse sur les morceaux de muffin et parsemez de copeaux de chocolat.

Voir variantes p. 274

Sundaes à la griotte et coulis chaud

Pour 4 personnes

Utilisez des cerises de bonne qualité pour confectionner cette recette. Vous réaliserez un dessert de fête en choisissant des cerises à l'eau-de-vie et en le servant avec des amaretti, des tuiles ou des minimeringues.

8 petites boules de glace à la vanille
400 g (13,5 oz) de griottes en bocal
Crème fouettée

Pour le coulis
175 g (6 oz) de chocolat noir, coupé
    en morceaux
2 c. à s. de beurre
1 boîte de 400 g (13,5 oz) de lait concentré
    sucré
1 c. à t. d'extrait de vanille

Mélangez tous les ingrédients du coulis dans une casserole. Portez à frémissement sur feu doux et laissez cuire 3 min.

Dans des verres hauts résistant à la chaleur, alternez les boules de glace à la vanille, les griottes – réservez-en 4 pour la décoration – et le coulis au chocolat tiède.

Garnissez de crème fouettée et ajoutez 1 griotte au sommet de chaque sundae.

Voir variantes p. 275

Délices persans au yogourt

Pour 4 personnes

Cet élégant dessert, parfait sur une table de fête, est particulièrement savoureux.
Les graines de grenade se congèlent très bien et se conservent ensuite plusieurs mois
au congélateur.

60 cl (2 ⅔ tasses) de yogourt à la grecque
1 c. à s. d'eau de rose ou d'eau de fleur
   d'oranger
4 à 6 c. à s. de miel liquide

1 grenade, épépinée
75 g (⅔ tasse) de pistaches, hachées
Quelques pétales de rose ou quelques feuilles
   de menthe, pour la décoration

Dans un bol, mélangez le yogourt et l'eau de rose ou l'eau de fleur d'oranger, puis ajoutez
le miel – réservez 4 c. à t. pour la décoration.

Remplissez 4 coupes en alternant les couches de yogourt, de graines de grenade
et de pistaches.

Arrosez chaque coupe de 1 c. à t. de miel et décorez avec des pétales de rose ou des feuilles
de menthe.

Voir variantes p. 276

Fausse crème brûlée aux fruits rouges

Pour 4 personnes

Ce n'est pas une authentique crème brûlée, soit, mais ce dessert est néanmoins exquis. Servez-le avec des sablés ou tout autre biscuit sec sucré.

250 g (8 oz) de fruits rouges frais (ou à moitié décongelés si surgelés)
4 c. à t. de sucre (ou plus, à votre convenance)
12 cl (½ tasse) de crème liquide entière
12 cl (½ tasse) de yogourt à la grecque

25 cl (1 tasse) de crème anglaise prête à l'emploi
½ à 1 c. à t. d'extrait de vanille
2 c. à s. de Kahlúa® ou de Kamok® (facultatif)
125 g (½ tasse) de sucre roux
Biscuits sucrés, pour l'accompagnement

Répartissez les fruits rouges dans 4 ramequins allant au four. Saupoudrez-les de sucre et réservez.

Fouettez la crème, puis incorporez le yogourt et la crème anglaise. Ajoutez l'extrait de vanille et éventuellement le Kahlúa® ou le Kamok®. Versez cette préparation sur les fruits rouges. Réservez les ramequins au réfrigérateur.

Au moment de servir, saupoudrez les ramequins de sucre roux et enfournez-les pour 15 min environ, jusqu'à ce que le sucre fonde et commence à caraméliser – vous pouvez également faire caraméliser le sucre à l'aide d'un chalumeau de cuisine. Accompagnez ce dessert de biscuits sucrés.

Voir variantes p. 277

Wraps de banane

Pour 4 personnes

Accompagnez ce dessert particulièrement rapide à préparer d'une boule de glace à la vanille ou au caramel.

8 feuilles de riz
2 ou 3 bananes, coupées en rondelles
    de 15 cm – 6 po (16 rondelles en tout)
1 c. à t. de jus de citron

4 c. à t. de pâte à tartiner au chocolat
    et à la noisette
2 c. à s. de beurre doux fondu
1 c. à s. de sucre à glacer

Humidifiez les feuilles de riz. Pliez-les de manière à obtenir un triangle. Étalez-les sur le plan de travail, pointe vers le haut. Mélangez les bananes avec le jus de citron et déposez 4 rondelles de banane au centre de chaque feuille. Recouvrez de pâte à tartiner. Repliez les deux côtés de chaque feuille sur les bananes et roulez-les comme des cigares. Badigeonnez-les de beurre fondu.

Faites griller les wraps de banane 4 min environ sur chaque face, dans une sauteuse sur feu moyen, jusqu'à ce qu'ils soient bien dorés. Saupoudrez-les de sucre à glacer et servez immédiatement.

Voir variantes p. 278

Gâteau au fromage à l'orange et aux fruits rouges

Pour 6 à 8 personnes

Avoir toujours une pâte sablée prête à l'emploi en réserve vous permettra de confectionner en un rien de temps un dessert sophistiqué. Cette garniture, facile à préparer, deviendra rapidement l'une de vos préférées.

Le jus et le zeste de 1 orange
3 c. à s. de sucre à glacer
1 pâte sablée de 20 cm (7 ⅞ po) de diamètre
    prête à l'emploi, précuite
250 g (8 oz) de fromage frais

25 cl (1 tasse) de crème liquide entière
175 g (6 oz) de bleuets
125 g (4 oz) de framboises
6 c. à s. de gelée de groseilles, chauffée

Mélangez 3 c. à s. de jus d'orange et 1 c. à s. de sucre à glacer. Badigeonnez uniformément la pâte de ce mélange, pour l'humidifier et la parfumer.

Fouettez le fromage frais, le zeste d'orange, 1 c. à s. de jus d'orange et 2 c. à s. de sucre à glacer dans un petit saladier à l'aide d'un batteur électrique, jusqu'à obtention d'un mélange homogène.

Fouettez la crème. Incorporez-la au mélange à base de fromage frais. Ajoutez les bleuets – réservez l'équivalent de 2 c. à s. pour la garniture. Étalez cette préparation sur la pâte. Répartissez les framboises et les bleuets restants sur la tarte. Badigeonnez de gelée de groseille tiède.

Voir variantes p. 279

Minicrêpes
aux pêches au miel

Pour 6 personnes

Les crêpes permettent de confectionner de délicieux desserts. Accompagnez-les
de glace à la vanille.

125 g (1 tasse) de farine
1 c. à t. de levure chimique
¼ de c. à t. de sel
1 œuf
4 c. à s. de miel liquide
3 c. à s. de beurre fondu

12 cl (½ tasse) de lait
1 c. à s. de jus de citron
4 pêches bien mûres, dénoyautées et coupées
   en lamelles

Tamisez la farine, la levure et le sel dans un saladier. Creusez un puits au centre et cassez-y
l'œuf. Ajoutez 1 c. à s. de miel et 1 c. à s. de beurre fondu. Fouettez en incorporant
progressivement la farine et le lait, jusqu'à obtention d'une pâte épaisse et crémeuse.
Préchauffez le gril du four. Mélangez le miel restant avec le jus de citron. Disposez les pêches,
côté coupé vers le haut, dans un plat à gratin. Recouvrez chaque pêche de 1 c. à t. de beurre
et badigeonnez-les de miel au citron. Enfournez-les pour 5 à 7 min.
Pendant ce temps, faites chauffer une sauteuse ou une poêle à crêpes légèrement beurrée.
Versez-y de grosses cuillerées de pâte, en les espaçant bien car elles vont s'étaler. Laissez
cuire 1 ou 2 min, jusqu'à ce que des bulles apparaissent à la surface des crêpes. Retournez-
les. Retirez-les de la poêle et réservez-les au chaud le temps de faire cuire le reste de la pâte.
Garnissez les crêpes de pêches et servez immédiatement.

Voir variantes p. 280

Carrés chocolatés
aux noix de macadamia

Pour 9 à 12 personnes

Ce dessert est une véritable bombe calorique ! Mais de temps en temps, n'hésitez pas à vous faire plaisir...

125 g (½ tasse) de beurre
2 c. à s. de sucre roux
4 c. à s. de cacao en poudre, tamisé
3 c. à s. de sirop d'érable
225 g (7,5 oz) de biscuits sablés type petits-beurre ou spéculoos, écrasés

75 g (⅔ tasse) de noix de macadamia, grossièrement hachées
75 g (½ tasse) de raisins secs

Pour le glaçage (facultatif)
225 g (7,5 oz) de chocolat au lait

Faites fondre le beurre, le sucre, le cacao et le sirop d'érable dans une casserole sur feu moyen à vif, jusqu'à ce que le sucre soit dissous. Incorporez les biscuits écrasés, les noix de macadamia et les raisins secs.

Tapissez un moule carré de 20 cm (7 ⅞ po) de film plastique. Versez-y la préparation, en pressant bien, et lissez la surface à l'aide d'une cuillère en bois. Si vous le souhaitez, préparez un glaçage : faites fondre le chocolat au lait au bain-marie. Versez sur le gâteau.

Prédécoupez les carrés et entreposez votre dessert au réfrigérateur. Découpez-le lorsqu'il est froid.

Voir variantes p. 281

Salade croquante de fruits exotiques

Pour 4 personnes

Ce dessert diététique est idéal après un repas copieux mais aussi très rafraîchissant en été. Pour gagner du temps, choisissez des fruits en bocal.

300 g (10 oz) de mangue fraîche, coupée
   en morceaux
300 g (10 oz) d'ananas frais, coupé en morceaux
12 cl (½ tasse) de jus de mangue et fruits de la
   passion, ou un smoothie similaire
1 c. à s. de jus de citron
1 c. à s. de sirop d'érable, facultatif

Pour la garniture
50 g (⅓ tasse) de noix de pécan
4 c. à s. de copeaux de noix de coco grillés
4 c. à s. de dattes dénoyautées, grossièrement
   hachées
¼ de c. à t. de cannelle moulue

Mélangez la mangue et l'ananas dans des coupes individuelles. Mélangez le jus de fruits et le jus de citron. Si nécessaire, sucrez avec du sirop d'érable. Versez dans des coupes.

Mixez tous les ingrédients de la garniture dans un robot, en procédant par courtes impulsions, jusqu'à ce que la préparation soit grossièrement hachée. Répartissez ce mélange sur les fruits.

Voir variantes p. 282

Croustilles de bagel
à la cannelle

Pour 4 personnes

Ces petites croustilles très pratiques peuvent être préparées avec des bagels surgelés, décongelés, ou encore des bagels un peu rassis. Elles seront délicieuses avec une coupe de glace ou un yogourt.

2 bagels nature, complets
    ou à la cannelle et aux raisins secs
2 c. à s. de beurre fondu

1 c. à s. de sucre roux
1 c. à t. de cannelle

Préchauffez le four à 350 °F (180 °C). Découpez chaque bagel en 2.

Coupez les demi-bagels en 4 tranches fines, dans la largeur. Étalez-les sur une plaque de cuisson et badigeonnez-les de beurre fondu. Saupoudrez-les de sucre roux et de cannelle.

Enfournez pour 10 min environ, jusqu'à ce que les croustilles soient bien dorées, puis retournez-les et faites-les cuire 5 à 7 min sur l'autre face. Surveillez attentivement la cuisson car plus les tranches sont fines, plus elles cuisent rapidement. Servez chaud ou froid.

Voir variantes p. 283

Variantes

Rôties croustillantes aux abricots

Recette de base p. 255

Rôties croustillantes au gingembre et aux prunes
Suivez la recette de base, en remplaçant les abricots et la cannelle
par des petites prunes et du gingembre en poudre.

Rôties aux abricots, au citron et au miel
Suivez la recette de base, en remplaçant le sucre par du miel crémeux.
Arrosez les abricots de jus de citron avant de les badigeonner de miel.

Rôties aux abricots et aux noix de pécan
Suivez la recette de base, en parsemant les tranches de pain beurré
de 4 c. à s. de noix de pécan finement hachées avant d'ajouter le sucre.

Rôties croustillantes à l'ananas
Suivez la recette de base, en remplaçant les abricots par 225 g (7,5 oz)
d'ananas en conserve, égoutté et coupé en morceaux.

Tartelettes épicées aux pommes et aux canneberges

Recette de base p. 257

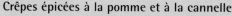

Crêpes épicées à la pomme et à la cannelle
Suivez la recette de base pour préparer les pommes. Ne confectionnez pas
de fonds de tarte en pâte filo mais répartissez la préparation sur 4 crêpes.

Tartelettes épicées aux pêches et au cognac
Suivez la recette de base, en remplaçant les pommes et les canneberges
par des pêches et en ajoutant 1 c. à t. de jus de citron et 1 c. à s. de cognac.

Tartelettes épicées aux poires et aux raisins secs
Suivez la recette de base, en remplaçant les pommes et les canneberges
par des poires et des raisins secs.

Porc aux pommes épicées
Suivez la recette de base, en supprimant le sucre à glacer. Servez en
accompagnement d'un rôti de porc ou de filets de porc grillés.

Variantes

Gâteau mousseux au chocolat

Recette de base p. 258

Gâteau mousseux « black and white »
Suivez la recette de base, en remplaçant le chocolat noir par du chocolat
blanc, et l'essence d'amande amère par de l'extrait de vanille.

Gâteau mousseux choco-café et fèves de cacao
Suivez la recette de base, en ajoutant 1 c. à t. de café soluble dissous dans
1 c. à t. d'eau bouillante au chocolat fondu. Décorez votre dessert
avec des fèves de cacao.

Gâteau mousseux au chocolat à l'orange
Suivez la recette de base, en utilisant du chocolat noir à l'orange et en
remplaçant l'essence d'amande amère par 1 c. à t. de zeste d'orange. Arrosez
les morceaux de muffins de 2 c. à s. de jus d'orange ou de liqueur d'orange.
Râpez un peu de chocolat à l'orange sur chaque mousse pour la décoration
et ajoutez des rondelles d'orange fraîche.

Gâteau mousseux au chocolat léger
Suivez la recette de base, en utilisant 2 blancs d'œufs et en supprimant
la crème. Fouettez les blancs d'œufs en neige avec le sucre, incorporez
un tiers du chocolat et mélangez jusqu'à ce que le mélange soit homogène.
Ajoutez ensuite délicatement le chocolat restant.

Sundaes à la griotte et coulis chaud

Recette de base p. 259

Sundaes à la banane et coulis chaud
Suivez la recette de base, en remplaçant les griottes par 2 bananes coupées
en rondelles, arrosées de jus de citron.

Sundaes «poire Belle Hélène»
Suivez la recette de base, en remplaçant les griottes par 2 grosses poires
coupées en 4 et arrosées de jus de citron. Vous pouvez aussi utiliser 1 boîte
de 400 g (13,5 oz) de poires au sirop. Servez 1 boule de glace au chocolat et
1 boule de glace à la vanille par personne.

Brownies aux cerises et coulis chaud
Suivez la recette de base, en supprimant la crème fouettée. Répartissez
4 brownies de bonne qualité dans des coupes de service. Recouvrez de glace
et de coulis de chocolat chaud.

Sundaes au chocolat, à la cerise et à la noix de coco
Suivez la recette de base, en remplaçant le coulis de chocolat par un coulis
préparé avec 125 g (4 oz) de chocolat noir fondu (au bain-marie) et 12,5 cl
(½ tasse) de lait de coco juste porté à ébullition. Mélangez jusqu'à ce que le
coulis soit lisse.

Délices persans au yogourt

Recette de base p. 260

Délices persans au yogourt et au gingembre
Suivez la recette de base, en remplaçant l'eau de rose par 4 morceaux de gingembre confit hachés et 2 c. à s. de sirop de gingembre.

Délices à la noisette et au raisin
Suivez la recette de base, en remplaçant la grenade par 125 g (4 oz) de grains de raisins blancs et noirs, coupés en 2 et épépinés, et les pistaches par des noisettes.

Délices au yogourt et au muesli
Suivez la recette de base, en ajoutant 2 c. à s. de muesli au fond et au milieu de chaque coupe au moment de l'assemblage.

Délices à la mangue
Suivez la recette de base, en supprimant l'eau de rose. Réduisez la quantité de yogourt à 25 cl (1 tasse) et mélangez-le avec 22,5 cl (¾ tasse) de purée de mangue.

Variantes

Fausse crème brûlée aux fruits rouges

Recette de base p. 263

Fausse crème brûlée aux fruits rouges et au citron
Suivez la recette de base, en supprimant la crème anglaise et le Kahlúa®.
Utilisez 17,5 cl (¾ tasse) de crème 35 % et 17,5 cl (¾ tasse) de yogourt à la
grecque. Incorporez 8 c. à s. de lemon curd et 1 c. à t. de zeste de citron râpé.

Fausse crème brûlée à la vanille et à la cerise
Suivez la recette de base, en utilisant 225 g (7,5 oz) de cerises dénoyautées à la
place des fruits rouges et en remplaçant le yogourt par 12,5 cl (½ tasse) de
crème 35 %. Ajoutez ½ c. à t. d'extrait de vanille supplémentaire.

Fausse crème brûlée poire-cappuccino
Suivez la recette de base, en remplaçant les fruits rouges par 2 grosses poires
coupées en 4 et arrosées de jus de citron. Dissolvez 1 c. à s. de café soluble
dans 1 c. à t. d'eau chaude, laissez refroidir, puis incorporez à la crème.

Tarte brûlée au caramel
Suivez la recette de base, en supprimant les fruits rouges. Répartissez 175 g
(6 oz) de pépites de caramel fondues dans le fond d'une pâte sablée précuite.
Préparez la crème en suivant les instructions de la recette de base et versez-la
sur le caramel. Saupoudrez de sucre roux et faites caraméliser.

Variantes

Wraps de banane

Recette de base p. 264

Wraps de banane au sirop d'érable et aux noix de pécan
Suivez la recette de base, en remplaçant la moitié du jus de citron et la pâte à tartiner par 2 c. à s. de sirop d'érable et 4 c. à s. de noix de pécan hachées.

Wraps de banane aux guimauves
Suivez la recette de base, en remplaçant la pâte à tartiner par 2 c. à s. de miniguimauves.

Wraps de banane à la marmelade d'oranges
Suivez la recette de base, en remplaçant la pâte à tartiner par 2 c. à s. de marmelade d'oranges.

Wraps de banane aux canneberges
Suivez la recette de base, en remplaçant la pâte à tartiner par 2 c. à s. de sauce aux canneberges.

Gâteau au fromage à l'orange et aux fruits rouges

Recette de base p. 266

Gâteau au fromage au citron et aux fruits rouges

Suivez la recette de base, en badigeonnant le fond de tarte avec 2 c. à s. de jus de citron à la place du jus d'orange et en y étalant 8 c. à s. de lemon curd. Pour la garniture, remplacez le zeste et le jus d'orange par du zeste et du jus de citron.

Gâteau au fromage à l'orange et aux fraises

Suivez la recette de base, en remplaçant les framboises et les bleuets par 225 g (7,5 oz) de fraises. Hachez finement un tiers des fraises et incorporez-les à la crème. Répartissez les fruits restants sur le gâteau.

Gâteau au fromage aux cerises et au kirsch

Suivez la recette de base, en remplaçant les fruits rouges par 1 boîte de 400 g (13,5 oz) de cerises au sirop. Badigeonnez la pâte de 2 c. à s. du jus des cerises mélangé à 2 c. à s. de kirsch. Supprimez le sucre. Répartissez les cerises égouttées sur le gâteau. Portez le jus des cerises restant à ébullition avec 2 c. à s. de kirsch, jusqu'à ce que le mélange épaississe, et utilisez-le pour glacer les cerises.

Gâteau au fromage au chocolat et aux framboises

Suivez la recette de base, en supprimant les bleuets. Incorporez 75 g (2,5 oz) de chocolat noir fondu et refroidi dans la crème. Garnissez de 225 g (7,5 oz) de framboises, ajoutez le glaçage et parsemez de copeaux de chocolat.

Variantes

Minicrêpes aux pêches au miel

Recette de base p. 267

Minicrêpes aux prunes au miel et à la cardamome
Suivez la recette de base, en remplaçant les pêches par 6 prunes coupées
en lamelles et en ajoutant 1 c. à t. de cardamome en poudre dans le
mélange miel-citron.

Minicrêpes aux bleuets, au sirop d'érable et au citron
Suivez la recette de base, en supprimant les pêches. Faites chauffer le jus
de 1 citron avec 12 cl (½ tasse) de sirop d'érable, ajoutez 125 g (4 oz) de
bleuets et réchauffez le tout. Arrosez les crêpes de ce mélange.

Minicrêpes à la marmelade d'oranges
Suivez la recette de base, en supprimant les pêches. Faites chauffer
225 g (7,5 oz) de marmelade d'oranges avec 2 c. à s. de jus d'orange ou de
liqueur d'orange. Arrosez les crêpes de ce mélange.

Pêches farcies
Suivez la recette de base, en supprimant les crêpes et la garniture de beurre
dans les pêches. À la place, farcissez les pêches avec un mélange composé de
6 petits amaretti écrasés et de 50 g (1,5 oz) de ricotta ou de fromage frais.
Badigeonnez les pêches du mélange miel-citron et procédez comme indiqué.

Variantes

Carrés chocolatés aux noix de macadamia

Recette de base p. 269

Carrés «rocky road»

Suivez la recette de base, en remplaçant les noix de macadamia et les raisins secs par 25 g (0,7 oz) de miniguimauves, 50 g (1,5 oz) de pépites de chocolat blanc et 50 g (⅓ tasse) d'arachides.

Carrés chocolatés aux cerises et aux amandes

Suivez la recette de base, en remplaçant les noix de macadamia et les raisins secs par 50 g (1,5 oz) de cerises confites et 50 g (⅓ tasse) d'amandes hachées.

Carrés chocolatés aux amaretti et aux abricots

Suivez la recette de base, en remplaçant les biscuits, les noix de macadamia et les raisins secs par des amaretti écrasés, 50 g (1,5 oz) d'abricots et 50 g (⅓ tasse) d'amandes hachées.

Carrés chocolatés à la noix de coco et aux canneberges

Suivez la recette de base, en remplaçant les noix de macadamia et les raisins secs par 50 g (⅓ tasse) de noix de coco râpée et 50 g (1,5 oz) de canneberges séchées.

Variantes

Salade croquante de fruits exotiques

Recette de base p. 270

Salade croquante d'agrumes
Suivez la recette de base, en remplaçant la mangue et l'ananas par 3 oranges et 1 pamplemousse rose. Râpez 1 c. à t. de zeste d'orange et incorporez-le à la garniture.

Salade croquante de fruits exotiques et crème au gingembre
Suivez la recette de base, en ajoutant 1 grosse pincée de gingembre en poudre en même temps que la cannelle. Pour la crème, fouettez 22,5 cl (¾ tasse) de crème liquide entière, puis ajoutez 4 morceaux de gingembre confit finement hachés et 2 c. à s. de sirop de gingembre.

Salade croquante de fruits exotiques et yogourt miel-citron
Suivez la recette de base, en remplaçant le sirop d'érable par du miel. Aromatisez 22,5 cl (¾ tasse) de yogourt avec 2 ou 3 c. à s. de miel, 1 c. à t. de zeste de citron râpé et 1 c. à s. de jus de citron.

Entremets croustillants aux fruits rouges
Suivez la recette de base, en remplaçant la mangue et l'ananas par 225 g (7,5 oz) de fruits rouges. Dans des verres à vin, alternez des couches de fruits rouges, de garniture croquante et de yogourt à la vanille (22,5 cl – ¾ tasse en tout).

Croustilles de bagel à la cannelle

Recette de base p. 271

Croustilles de bagel à la pomme

Suivez la recette de base, en râpant une pomme granny-smith évidée.
Mélangez-la avec 1 c. à s. de jus de citron. Étalez une fine couche de pomme
râpée sur les bagels et saupoudrez de sucre et de cannelle.

Croustilles de bagel choco-noisette

Suivez la recette de base, en supprimant la cannelle. Arrosez les croustilles
cuites de 4 c. à s. de pâte à tartiner au chocolat et à la noisette chaude.

Croustilles de bagel au sésame

Suivez la recette de base, en remplaçant le sucre et la cannelle par 1 c. à t.
de sel et 1 c. à s. de graines de sésame.

Croustilles de bagel à l'italienne

Suivez la recette de base, en remplaçant le beurre par de l'huile d'olive, et
le sucre et la cannelle par 1 c. à t. de sel, 1 grosse pincée de poivre noir, 1 c. à t.
d'herbes italiennes séchées (origan, basilic...) et 1 c. à s. de parmesan.

Index